教育好孩子的50个关键

韩　磊 编著

WUHAN UNIVERSITY PRESS
武汉大学出版社

图书在版编目(CIP)数据

教育好孩子的50个关键/韩磊编著.—武汉:武汉大学出版社,
2011.10(2013.6重印)
ISBN 978-7-307-09219-8

Ⅰ.教… Ⅱ.韩… Ⅲ.家庭教育 Ⅳ.G78

中国版本图书馆CIP数据核字(2011)第193072号

责任编辑:郭 静 王 帆　　责任校对:刘 欣　　版式设计:马 佳

出版发行:武汉大学出版社　(430072 武昌 珞珈山)
(电子邮件:cbs22@ whu.edu.cn 网址:www.wdp.com.cn)
印刷:崇阳县天人印刷有限责任公司
开本:880×1230 1/32 印张:4 字数:110千字
版次:2011年10月第1版　2013年6月第4次印刷
ISBN 978-7-307-09219-8/G·2288　定价:13.80元

前 言

孩子被人欺负了，究竟是鼓励孩子还手，还是任其被人欺负？作为父母的你，该如何教育孩子？怎样沟通，才算是你和孩子的“有效沟通”？孩子绝不是一张白纸，更不是一块面团，可以被人们任意地涂画或塑造。经常生活在批评中，孩子会丧失自信；经常生活在棍棒下，孩子心中会时刻充满恐惧。

中国有句古话说：3 岁看大，7 岁看老。错过了教育的最佳时期，孩子性格已经定型，那时教育变得“举步维艰”。现在开始，你遇到了什么情况？为什么会出现这样的情况？遇到这样的情况，你该怎么做？本书从数百个案例中，精选出 50 个最受关注的案例，并将每个案例分为：教育孩子的关键点、身边的实例、我该怎么做三个部分为你作透彻讲解，是一部帮助家长解决孩子学习问题的好教材。

目 录

❶ 信任才是对孩子的最大激励 /1

❷ 后天培养，比得一个天才更重要 /4

❸ 向孩子敞开心扉，才是最好的沟通 /6

❹ 谁家孩子喜欢唠叨？ /9

❺ “恐惧心理”是被打出来的 /12

❻ 父母的话，孩子能听懂吗 /15

❼ 怎样沟通才叫“有效” /17

❽ 孩子非“完人”，缺点需“善待” /20

❾ 放手让孩子“选择” /23

❿ 把你的爱“表现”出来 /25

⓫ 怎样爱，才算“真爱” /28

⓬ 溺爱=“毒害” /31

⓭ 不要给孩子造一个“羽翼” /33

⓮ 学会对孩子说“NO” /35

⓯ 摆脱孩子的“要挟” /37

⑯ 让孩子学会“做事” /39

⑰ 让自己学会“尊重”孩子 /41

⑱ “骂”要“骂得准” /43

⑲ 保护孩子“隐私” /45

⑳ 学会对孩子说“GOOD” /47

㉑ 准备一把“铲子”挖孩子潜能 /49

㉒ “提早”发现孩子的天赋 /51

㉓ 孩子的情商增值计划 /53

㉔ 挖苦孩子“后果严重” /55

㉕ 剔掉孩子的“浮躁” /58

㉖ “灭”掉孩子的脾气 /60

㉗ “挑”掉孩子的任性 /63

㉘ “拔”掉固执的钉子 /66

㉙ “医治”孩子的自负 /69

㉚ 让孩子踢开“懦弱” /71

㉛ “压低”孩子的暴躁 / 73

㉜ 抓住每一次鼓励的机会 / 75

㉝ “调校”孩子，让他不灰心 / 77

㉞ 否定孩子的“做事拖拉” / 79

㉟ 让孩子“鼓起勇气” / 82

㊱ 让孤僻和孩子“不沾边” / 85

㊲ 过度保护=伤害 / 88

㊳ 让孩子正确上网 / 90

㊴ 从小养成好习惯 / 92

㊵ 绝对不能纵容坏毛病 / 94

㊶ 让“粗心”都跑掉 / 96

㊷ “取消”孩子的故意磨蹭 / 98

㊸ 教孩子自己管自己 / 100

㊹ 玩游戏，也要正确 / 102

㊺ 让孩子有“时间概念” / 104

46 让孩子从无所谓到认真 / 106

47 让孩子劳动起来 / 108

48 让孩子懂得节俭 / 110

49 多给孩子一些挫折 / 112

50 放手，让孩子变独立 / 115

1. 信任 才是对孩子的最大激励

你知道吗？家长的信任就是对孩子最好的激励。

你“满不在乎”地给孩子信任时，它不仅可以激发孩子的积极性和创造性，还可以使孩子产生尊重感、亲密感、荣誉感和责任感。信任甚至是亲子关系中一个很重要的要素，若相互不信任，父母对孩子的教育就起不到积极作用，甚至起反作用，这对孩子的健康成长是极为不利的，所以我们常说：孩子与父母之间的相互信任，是家教成功的重要因素。

细心的你，可能会发现，在对孩子进行教育的过程中，你对孩子的信任，会使孩子感到他们和你处于平等的地位。这样使他们更加亲近、服从父母，并乐于将自己的心里话向父母诉说。这既增进了父母对子女内心世界的了解，又使父母教育子女更能有的放矢，获得更好的效果。所以，父母应该信任孩子，做他们的朋友，从而更有效地帮助孩子健康成长！

身边的实例

小刚是个有正义感的孩子。有一次下课，他看到自己班上的一位男同学在欺负一名同班女生，就前去制止，结果他和那位男同学吵了起来，最后两人发展到相互推搡的程度。为了这件事，小刚的胳膊被弄伤了。回家后，当父母看到他胳膊上的伤时，不是询问孩子发生了什么事情，反而开口就是一连串的指责，“是不是又和别人打架了？说你老不听”，“行行，你不用解释了，别人怎么不去管呀”，“你这孩子怎么这么不让我们省心呀”……小刚听了委屈极了，眼泪夺眶而出。

这是一个发生在身边朋友间的故事，父母因为工作压力大，回家后，对孩子也只能是草草教育。而这次父母在没有弄清楚事情原委的情况下，就一味地对孩子不信任。这样的“粗糙教育”不仅没有达成效果，反而让孩子的自尊心受到极大的伤害。一次对孩子的教育，变成了一场“家长的发泄”！

我该怎么做

实际上，每个家长都会有孩子做错事的经历。比如撒谎、说脏话、骂人、打架等，这些在孩子成长过程中也是极为常见的。家长不应该在孩子犯错时，就“火冒三丈”，在遇到这类情况时，最好的处理方式是正面引导，比如从不打骂、侮辱孩子，在语言上，可以采用诸如：“爸爸妈妈相信你不是故意的”，“爸爸妈妈相信你是出色的，下一次决不会犯同样的错误”，“爸爸妈妈相信你有改正缺点的勇气和能力”等方式。

当你给予孩子信任后，你就赢得了孩子的信任，也只有这样，孩子才能心悦诚服地接受教育。特别是当孩子在困难面前，表现出胆怯、退缩时，我们绝对不要嘲笑孩子“没出息”，“是窝囊废”，而是应该用一些鼓励的话如“只要你努力，一定能成功”，“试试看，不试怎么知道你能行”以及“你是一个非常聪明的孩子”等来激发孩子战胜困难，获得成功的信心与勇气。注意帮助孩子发扬自己的优点，使他们体会到成功的成就感和愉悦感，树立信心，努力拼搏。

2. 后天培养，比得一个天才更重要

我们常常称赞别人的孩子是天才，羡慕人家的孩子拥有聪明的头脑！却忘记了，“没有天生的天才，只有天赋”的道理。其实天赋就是一种潜意识的兴趣，自己对某种事物有特别的灵敏的感觉和领悟力。并非如同电影中吹嘘的那么厉害，但确实有一些孩子具备一些天赋，但若后天不努力，不求上进，最终只是一事无成，变成一个平庸的人，所以也就有了“江郎才尽”一说！相反，一些看似平凡的孩子，若加上后天的努力，同样可以改变“命运最初的安排”。

如何让自己的孩子后天更聪明，让孩子成为一个名副其实的天才，让其发现一种别样的人生呢？方法可以归结为，让孩子通过后天的智力开发，珍惜一切机遇，并视挫折为财富，化作动力，不气馁，就会变为“成功者”！现实中，磨难的“利”不胜枚举，大凡名人都从磨难中走出来。而要让孩子最终梦想成真，非得靠高尚的精神追求和坚强的意志力不可。要让孩子后天更聪明，必须让孩子不断积累，丰富自己，若靠吃老本，肯定是没有远大前途的，勤勉向学才是成功之本。

身边的实例

这样的案例非常多，比如读四年级的小女孩娟娟，她在学校不仅是班长，还是大队长，成绩优秀，而且还是弹钢琴的能手，她小小年纪，居然完成了钢琴9级的考试。你一定以为，她就是所谓的“天才”。

而实际上，娟娟并非生来就对钢琴感兴趣，她的父母也并非拥有音乐方面的造诣。但有一天，娟娟读学前班的时候，她妈妈去接她，她站在钢琴旁边不走。妈妈看到这个小细节，便对孩子说：“你真想学，让爸爸带你去少年宫报名，先学两个月声乐识谱，就买钢琴给你，好吗？”没想到孩子高兴极了。

暑假中，娟娟先是学了两个月相对枯燥的识谱，而她的父母也在这时候鼓励孩子，坚持完成识谱，才能得到自己的钢琴。没想到娟娟学得非常快，父母发现了她在音乐方面的天赋，就帮她报了钢琴和声乐学习班，之后他们又给娟娟买了钢琴。就这样，娟娟一直学习钢琴，没有落下一节课，妈妈也成了娟娟的钢琴陪练。由此我们可以看出，娟娟的父母还是很成功的，在发现娟娟具有音乐方面的天赋时，他们就加以培养，孩子也很努力，最终取得了傲人的成绩。

我该怎么做

那么，如何帮助孩子培养他的天赋呢？实际上，作为孩子父母，都希望自己的孩子能出类拔萃，甚至成为社会中的佼佼者。但除了孩子先天的智力发育外，还得靠父母的教育和学校的培养，比如：你可以每天花半个小时和孩子聊天交流，并记得不论什么地方什么时间，都需要给孩子做好榜样；你还得多聆听孩子的心声；当你发现孩子的缺点要立刻指出，有时适当的惩罚也是需要的；切记不要总揭孩子的伤疤；另外，还得教会孩子微笑，微笑面对一切，微笑面对人生；适当地给孩子一些自由与空间，尤其要注意培养孩子的艺术修养；最重要的是，你要善于发现孩子的优点，并加以培养与鼓励。

3. 向孩子敞开心扉，才是最好的沟通

你可能或多或少听过这样一些抱怨：如今的孩子怎么越来越难交流？不知道现在的孩子脑袋在想什么？无论什么事情都不跟父母讲。难道孩子真的是和我们生活在“不同世界”里，无法沟通了吗？或者是孩子个性强，不听话，不愿和父母交流？而这些问题的源头，其实是我们自己不愿意和孩子沟通，没有“向孩子敞开心扉”。

在孩子看来，若父母主动向孩子敞开心扉，这表示父母对孩子非常尊重和信赖，这样反而能够得到孩子的认同，促进父母和孩子之间的关系发展。

反之，若父母不与孩子“平等相处”，或者极少向孩子透露自己的心声，习惯于以训导的方式与孩子进行交流，那么当你要求孩子向你袒露一切，想知道他内心的想法时，孩子当然也不愿意向你敞开心扉。其实我们并非与孩子“无法沟通”，而这种不平等的关系往往成为我们和孩子之间沟通的一道屏障。

身边的实例

关于敞开心扉的例子都很细微，细微到我们很可能忽略掉。娜娜爸爸最近工作非常不顺心，辞去工作后，便在家休息，但碍于面子不想声张，所以娜娜爸爸并没把这事跟孩子说。只是每天独自在家中上网找工作，心情非常烦躁。

这天，孩子放学回家后，看到爸爸坐在电脑前上网，于是就跑过去问："爸爸，你最近怎么老在网上找东西？看起来挺不高兴的，你怎么啦？"娜娜爸爸说："没什么，我很开心啊！"娜娜满腹狐疑地走开了。

几天后，娜娜爸爸发现孩子变得不太爱和自己说话了，每次问娜娜什么事情，她都变得爱理不理的。后来从娜娜妈妈口中得知，娜娜说爸爸骗了她，所以她再也不理爸爸了。听到娜娜的想法后，娜娜爸爸感到非常后悔。

实际上，这件事情可以处理得很好。虽然娜娜很小，才上小学一年级，但这时的她已经能够理解一些"大人"的事情了，若当时娜娜爸爸直接向女儿敞开自己的心扉，把自己的想法和孩子沟通，想必这一切都能够迎刃而解。

其实"世上没有完美无缺的人"，家长在孩子面前，最好用一种轻松的方式接受自己的不完美，也将自己不完美的一面传递给孩子，这样不但让孩子觉得你更亲近，而且能加深亲子之间的感情。

我该怎么做

让自己真正向孩子敞开心扉，其实很简单。做父母的，有时宁愿花大量时间和别人诉苦，诉说孩子的不听话、不乖，为什么不愿意把这些直接和孩子沟通呢？你甚至可以将你的喜怒哀乐适时地传递给你的孩子，与他分享你的心情故事。这样孩子会感觉到你对他的信任和尊重，孩子就会更加尊敬你，并且也会向你敞开他的心扉。

可能现在家长都很忙，你在不能花时间陪他的时候，不妨告诉他你现在的工作状况，并且可以适时地谈得稍微详细一些，谈谈工作的酸甜苦辣，聊聊成功的幸福体验，这对孩子是十分重要的。父母与孩子沟通一定要讲艺术，只有敞开自己的心扉，才能引起孩子感情上的共鸣，从而与孩子建立起一种相互信任的关系，使亲子关系更融洽。

4. 谁家孩子喜欢唠叨？

唠叨，就是反反复复、没完没了地重复那几句话。所以，你常可以听到孩子说，父母的话都听得“背出来了”，“耳朵都快出茧子了”。

对这样的情况，父母不仅不能正确认识，反而觉得这是在教育孩子、关心孩子。而这其实是对“教育”的误解。教育、关爱，实际上应该让孩子感到温暖和理解，并对孩子有实际意义上的帮助。若大事小事都要管，而最终又没有讲到点子上，那只能让孩子产生反感并急于逃避，还破坏了父母在孩子心中树立的威信。

而这种唠叨的形式，基本上表现为机械地重复陈词滥调，而唠叨的内容也大多是指向孩子的弱点、缺点，没完没了的数落和冷嘲热讽，让孩子感到自己不受尊重。过多的唠叨会让孩子产生自我保护式的逆反心理，甚至恼羞成怒。

身边的实例

这样的例子就比较多了，比如小军家的这个情况。小军才读小学三年级，他每天早晨永远是这样的景象：老妈6点就起床，起床之后，就一边收拾房间，一边准备早饭；6点半后，便把牛奶、面包准时端上桌，然后一遍一遍地叫小军起床。

不知道妈妈说了多少遍，快到7点了，小军才慢慢地从床上起来，并懒洋洋地刷刷牙，抹两把脸，然后再挪到饭桌前，慢慢吃着早餐。在小军早餐的同时，妈妈再慢慢地给他叠被子，收拾凌乱的衣服、物品，而这时她嘴里还不停地唠叨着："看看你，老是把哪儿都弄得乱七八糟，让人跟在你屁股后面收拾。每天让你起床都得喊破嗓子才动，早饭都凉了吧？总吃凉饭，还这么狼吞虎咽的，胃要坏的，天天跟你说也没用。要是妈一叫你就早点起来，不是就不用这么紧张，也不会老是迟到挨批评了……"

而此时的小军，根本无心听妈妈说话，只是把吃的、喝的填进肚子，用手抹抹嘴，然后，抓起早已放到客厅沙发上的书包，转身就往外走。妈妈追在小军的身后喊："着什么急呀，就吃这么几口呀，一上午的课呢，会饿的。哎，上学的东西都带齐了吗，别又落点儿什么，每天都得让人提醒……"

我该怎么做

和"大人"一样，其实孩子也会对"重复性唠叨"心烦，而同时，他们也会对父母的唠叨产生依赖感，慢慢地父母不唠叨，孩子的事情就做不好。

这种批评性唠叨不仅没有起到教育的作用，反而让它成为了孩子的心理负担，让孩子缺乏信心。而随意性唠叨，还会让孩子变得注意力不集中，甚至将你说的话当成耳边风。要让自己避免对孩子唠叨，其实也有一定的方法。

首先，就是“减少”对孩子的唠叨次数。若实在控制不了自己唠叨的欲望，那就换位思考。其次，更加重视自己的身体语言，一个微笑、一个眼神、一个亲吻、一个手势，都可以向孩子传达各种情感，甚至，这比那些“千言万语”更具有效果。最后，就是“转移注意力”，可以适当地把自己对孩子的注意力转移到其他事情上，特别在心情不好的时候，别训斥孩子，可以在自己的房间里平缓一下心态再对孩子说话。

5. “恐惧心理”是被打出来的

“棍棒底下出孝子”这句中国老话误导了无数中国家长，打骂不仅不是教育孩子的好方法，而且还伤害了孩子的感情。为什么这么说呢？其实父母打孩子的过程，实际上是向孩子传递一个信号：当别人的需要与你的需要发生冲突时，武力（或权力）是有效的解决办法。试想一下，等孩子长大了，他很可能会“遗传”你的这想法，并用武力解决人际冲突，其结果肯定是受挫或破坏良好的人际关系。

不要将怨气都撒在无辜的孩子身上，那样会在孩子心中种下童年阴影。“棍棒教育”并不能增加孩子的自律，反而会让孩子产生“恐惧心理”。随着孩子年龄的增长，已看不到他们身体上的伤痕，但在他们的内心，仍然保留着幼年时挨打的痕迹，其后果是对自己没有信心，莫名的内疚，这种内疚会有不同的表现：性格有攻击性，跟人相处困难，工作不负责任。幼年的压抑、不自信，对成年后的发展有直接的影响。不要让他们在童年时期留下永不磨灭的回忆，看看我们身边会遇到什么样的情况！

身边的实例

这样的例子也不少，我的朋友就跟我讲过一件事情。某天晚饭后，由于屋里太闷了，朋友一家在阳台泡茶。忽然，听到楼下一位爸爸开始大声骂孩子，而那个孩子也一直大声地哭泣。朋友“寻声望去”，只见楼下草地上一位爸爸正在“教训”5岁左右的小男孩，打他的同时嘴里还不停地骂道：“我让你不听话，都跟你说过几次了还不听！”估计小男孩做错了什么事情，而惹恼了爸爸。

他爸爸边打边骂，但不管爸爸怎么打孩子，那孩子还是一直拽住爸爸的衣服哭喊着：“爸爸不要打了！疼！”但这个爸爸似乎越打越来劲，甚至干脆把孩子抱起来并扔到一边嚷道：“我现在不要你了，你自己看着办吧！”这可怜的孩子不顾身上的伤痛去追爸爸，并扯住他的衣服哭着说：“爸爸我也要回家。”但似乎，爸爸没有理会，而是继续向回家的方向走去。这样的家长，并不是在教育孩子，而是把孩子当道具来发泄自己的情绪。

我该怎么做

“不打不成器”、“棍棒底下出孝子”的教育方法，会给孩子带来不健康的性格并造成一定的心理健康问题。可能伤害孩子的自尊心，迫使孩子说谎，让他对父母忌恨报复并容易使孩子形成暴躁的性格，使父母丧失在孩子心目中的威信。正确地教育孩子，而不是打骂孩子的方法还有很多。

首先，你得多了解孩子，在忙于生计的同时，请一定要抽出时间来多了解孩子，与孩子和他的老师多沟通，尽量对孩子在幼儿园和家庭中的表现有一个全面把握。其次，在你“破口大骂”前，学会主动倾听，问问孩子这么做的原因是什么，这样也会释放很多的负面情绪。再次，不要总是拿放大镜去看待孩子的表现，一定要考虑孩子的成长状况，修正对孩子的期望；不要总是对孩子说“不”，而是要给孩子选择题，让孩子自己做决定。最后，就是在极度愤怒的状况下，最好暂时离开现场，或是转移自己的注意力，待平静下来以后，再和孩子好好谈谈。

6. 父母的话，孩子能听懂吗

有很多时候，孩子老是记不住一些小事。父母往往要提醒很多次，不停地在孩子耳边念啊念，孩子却仿佛老是听不懂父母说的话似的。一次提醒还好，有时候，日常工作中我们需要处理的事情非常多，看见孩子还是不改，就常常怒斥他："你能听懂我说的话吗?"为什么会出现父母的话，孩子老是"听不懂"的情况呢?

于是我们为之发怒，会对孩子骂"你为什么这么笨"等过激的话语。这样在孩子眼里，会觉得父母并不欣赏自己，父母总是嫌弃自己不好，于是，敌对、逆反心理也由此产生，孩子变得冷漠、情绪低落，甚至故意与父母唱反调!

身边的实例

谁家的孩子都有不听话的时候，其实这在孩子成长过程中是件很普通的事情，但若处理不好，就会让事情变得更糟，甚至变本加厉！这是我隔壁班的孩子家长告诉我的一个故事：小天是家里的独生子，从小就被爸妈捧在手掌心，在家里就像一个“老佛爷”，在外面更显得“霸道”。5岁时，每次跟妈妈一起到朋友家做客，他和朋友家小孩玩时，都会打朋友家的小朋友，妈妈只好跟在后面不断地向小朋友的妈妈道歉。

为此，小天的妈妈也非常尴尬，她讲了不知道多少遍，要小天不可以没有理由乱打人，但小天就是不听，甚至，在外面也完全不会收敛家中小霸王的习惯。当小天年纪再大一点，就更不听话，妈妈一说他，他就顶嘴，有时甚至会怒骂爸爸妈妈，气得爸妈想送他去住校，来个眼不见为净，面对这种情况要怎么处理呢？

我该怎么做

其实，对孩子训话，意味着你要求他绝对服从，让他像你一样思考问题。实际上，达到这样“高标准”的效果，需要花费很大的“时间成本”。但我们大多数时候，其实仅仅需要孩子记住“饭前该洗手”“多吃蔬菜”等小事，我们不需要这么“高标准”的训话！

这时，我们需要和孩子进行朋友式的交谈，这意味着大家一起寻找方法解决问题，让彼此都重新衡量自己的观点，搞清楚究竟谁更符合实际。对于小天的案例来说，妈妈除了怒斥孩子，要教孩子学会换位思考，同时也要让自己和孩子得到充分交流，明白孩子真正的动机，然后，用合适的方法来和孩子交流。

7. 怎样沟通才叫“有效”

你知道吗？父母其实才是孩子的第一任老师！而孩子的毛病也往往出现在这第一任老师身上。大部分父母“都很忙”，他们“没有时间”和孩子交流；他们觉得给孩子买“好东西”、做“好吃的”就等于关心孩子。而其实，这样的沟通效率却很低。

很多父母喜欢在孩子面前表现出居高临下的、专制的、紧张的亲子关系，但忽略了孩子渴望的是：平等的、民主的、和谐的亲子关系。这就不难出现，有的父母会问：为什么自己三天两头地和孩子说话，孩子对自己却总是敬而远之，永远像个陌生人，老是沟通不了呢？而真正有效的沟通不能停留在表面，必须是心与心的沟通。

要达到真正有效的沟通，就需要像个孩子一样跟他们说话，从他们的思维模式出发，最重要的是，你应该“拉起他们的手往前走”。倘若大家始终只站在大人的角度讲话，只站在家长的立场上讲话或是一味地只是要求孩子，这就是没把孩子当孩子，没把学生当学生的错误认知。多数家长的沟通态度都是较为强硬的，因为他们认为自己有理，是为了孩子好，而作为孩子往往感觉家长的这种态度让人受不了，从孩子的心态来说是因为接受不了这种态度而接受不了那些道理的。

身边的实例

这样的例子，我们经常见到，比如四年级的豆豆。在一个夏天的中午，豆豆对妈妈说想下午去少年宫画画，但妈妈后来得知当天下午少年宫根本不开门。于是父母就感到奇怪，到了晚上，在父母的再三追问下，豆豆才告知实情，原来他和班上的几个同学相约到新建成的公园玩了。

在得知这件事情后，他的爸爸妈妈非常生气。在向豆豆询问撒谎的原因时，豆豆说："我上午就答应了同学要去的。"原来豆豆是觉得他的父母要求严格，如果直说，很可能被父母拒绝，这样豆豆觉得自己会在同学面前不守信誉。

在听到这个原因后，豆豆的爸爸妈妈非常伤心，觉得豆豆连这件小小的事情，都要欺骗自己，于是又将孩子痛骂一顿。豆豆的爸爸妈妈和豆豆之间的沟通，存在着很大的问题，相互之间也没有坦诚，沟通非常没有效率。

我该怎么做

实际上，父母是孩子的第一任教师，家庭也是孩子上的第一所学校，其对孩子的影响是毋庸置疑的。因此，在教育自己的孩子时，根据父母的性格、兴趣、爱好、习惯等方面因人而异采取相应的教育方法，才能获取事半功倍的效果。

在沟通时，要根据孩子的年龄特点进行不同的沟通，例如：在幼儿期要注意多表达对孩子的肯定和鼓励；在小学阶段，要注意表达对孩子活动的赏识并做出积极的暗示；在和青春期的孩子沟通时，父母要注意对孩子耐心地倾听，要对孩子的观点和分析做出反应，真诚地表达父母的内心感受，父母要学习适当表达自己的感受，而不是对孩子所做的事进行批评，这样才能敞开沟通的大门，减少亲子冲突。

只有做到这些：尊重孩子的天性，不把孩子当成私有财产，尊重孩子，将孩子看成一个独立的个体，鼓励孩子逐渐成长为独立于父母的个人，才能让孩子真实地看待自己与父母之间的关系，正视童年的现实，鼓起勇气袒露自己对父母的真实情感，这样的沟通才最有效率。

8. 孩子非“完人”，缺点需“善待”

和父母一样，孩子身上也有一些毛病和缺点，你遇到这样的情况是怎么做的呢？大部分父母会训斥、责骂、整天不停地唠叨，怨声怨气地和孩子说话。遗憾的是，这样的“教育”，并没有对孩子产生什么效果，相反，时间长了，孩子反而“逐渐习惯”大人对他们的指责，对劝导毫不在意，“一只耳朵进，另一只耳朵出”。

其实，我们也知道“世界上十全十美的人是没有的”，但对于孩子，又常常忍不住想骂。其实，我们不如进行一个“逆向思考”——孩子身上所谓的优点和缺点是辩证的，表面是缺点，实质却包含着优点的潜能。要是父母足够重视，那么孩子“今日的缺点，也许就是明日的优点”。辩证法告诉父母们，一切事物都处于转化之中，在一定的条件下，一个孩子的缺点可以转变成优点。其实，长期的教育实践发现，每个孩子的能力都是不同的，他们总会在一些方面有不足甚至是缺陷。这时候，要是父母处理不当，孩子会更加自卑，甚至自暴自弃，从而毁了孩子的一生。

身边的实例

谁家孩子没有缺点？比如苗苗。苗苗家的邻居常夸苗苗聪明、活泼、好动，做事富有创意，按理说，听到这样的话，父母们应该很高兴。可是就有一个例外，苗苗的妈妈偏偏就不喜欢人家“夸”自己的孩子。

有一次，苗苗独自一个人在家，看到一只玩具狗脏了，于是决定帮狗狗洗个澡，并拿来刷子、肥皂，把狗放浴缸里，打开水笼头，开始给狗洗澡，这儿刷刷，那儿搓搓，洗得非常认真。

洗了半天，狗狗没洗干净，反而把自己“洗”了一身水。于是苗苗又有了新想法，放下刷子，让狗睡在浴缸里，水笼头也不关就走了。跑到家旁边的草地里，挖呀挖，给狗狗挖菜，最终弄成一个湿孩子和泥孩子。

妈妈回来后，看到苗苗成了一个泥孩子，哭笑不得，但当听到家里哗哗水声，走进房间一看，呆了，水已从浴室里流出来，房间地板上也是一片水汪汪的。这时，妈妈气得不行，一把抓住苗苗，向她的屁股上打去，并喊道：“以后再乱搞，看我不打死你！”打完之后，妈妈又帮苗苗换了衣服。

于是，从这之后，吃了“教训”的苗苗再也不敢给狗洗澡了。但没过多久，苗苗就又有了一个新创意，她要让自己像妈妈一样又香又白！每次看到妈妈在“抹粉”的时候，苗苗都非常好奇，想自己去试试。但这次的“尝试”苗苗又犯了错，她把妈妈的粉盒“一不小心”打破了，粉撒了一地，这次苗苗有了上次被“教训”的经历，当妈妈问起此事时，苗苗赶忙摇头：“不是我，不是我。”

苗苗的这两次“犯错”，导致了苗苗前后两次心态产生了不一样的变化，第一次妈妈不听她的解释动手就打，第二次苗苗“长了记性”学会了撒谎，于是孩子不诚实的品质也萌发了。

我该怎么做

面对孩子犯错，作为父母，是“该教育”呢，还是“不该教育”呢？其实很简单，首先，我们要知道“人无完人”，然后“教育”就变得简单多了。

首先，我们应该以孩子的角度来进行交谈，传递一些道德知识，通过欣赏图书和看电视节目，在玩的过程中培养和提高他们的认识和评价能力，并以身作则，给孩子做好示范；其次，不能在处理孩子的过失时伤害孩子的自尊，不能把孩子不听话作为缺点错误，不把孩子听话与否作为是不是好孩子的标准；最后，还要给孩子解释的权利，并且父母一定要头脑冷静，耐心倾听，千万不要一见孩子犯了错误就火冒三丈，绝不能为了自己的面子而对孩子采取过火的行动。

父母只有接受孩子的缺点，同情孩子的缺点，才能心平气和地帮助孩子改正缺点，所以在教育孩子上，心态同样决定一切，错误的方法只能得到错误的结果。

9. 放手让孩子“选择”

孩子的“经验”确实没有父母丰富，但要是父母永远这么觉得、这么做，那么孩子就很可能没有“自主性”。虽然，每个父母都怕孩子“选择错”，总是不愿意真正地把选择的权力交给孩子，但这样的做法实际上不是在帮孩子，相反是在“耽误他”，如果从不给他选择的机会，他也就永远学不会选择，永远没有自主性。

我们常常抱怨孩子的“社会知识和生活经验不足”，却老是做让他们继续“经验不足”地生活下去的教育。家长尊重孩子的选择与孩子尊重家长的选择是不矛盾的，相反它们是一对孪生姐妹。而人的责任感是在自我选择中形成的，一个人没有选择的权利，只有被选择权，也就不会承担责任。要让孩子有责任心，那就得多给孩子一些自主选择的权利，让孩子对自己的事做主，而在选择过程中，又能培养孩子克服困难、战胜困难的顽强意志，形成遇事冷静、有主见的良好心理素质。

身边的实例

彤彤已经上小学四年级了，但他什么家务都还不会做，由于平时父母对他疼爱有加，家中所有的事情都“包办”了。自己读书的学校，虽然离家很近，但父母还是总担心他的安全，每天再忙也要抽时间去接送他。

在这样的“包办”下，父母几乎成了彤彤的影子，对彤彤来说，除了上课时间，剩下几乎所有的时间都会有父母陪伴在身边，当然彤彤也就没有了自己的空间。本来应该是快乐的童年，在父母的这种“包办”下，变得憋闷、压抑、不开心。

我该怎么做

一面是担心孩子的安全，一边是怕孩子压抑，作为父母应该如何选择，如何教育呢？担心孩子安全，放不开手的父母，不妨先自己制造一些“可控困难”让孩子去解决，通过这样的方法，逐渐培养孩子应对未来的能力和意志。然后，在此基础上，父母还可以多给孩子一些机会，让他自己去锻炼。孩子由于知识、经验的缺乏，面对过多的自由和选择，反而不利于他选择和作决定。因此，作为父母的你，可以给孩子一定范围的选择权利，也就是让孩子在限定的范围中进行选择。其实，当孩子对某种事物或某项活动产生了积极的追求欲望时，内心活动总是十分活跃，这时候就容易受外界的影响，这也是孩子学习的最佳时机。

但不少家长怕孩子选择错误，从来不给孩子选择的权利，这样的孩子长大后就不可能适应竞争激烈的社会生活。家长应主动给孩子选择的权利，并告诉孩子要对自己的选择负责。父母一定要给孩子时间，让他自己去安排。不少家长以为，孩子还小，不懂得安排自己的活动，但如果成人完全包办了孩子的时间安排，孩子只是去执行，那么孩子的自主性就永远培养不出来了。

10. 把你的爱“表现”出来

每个人都是“害羞”的，包括我们父母。但很多时候，父母不善于“表达爱”，比如足够的爱抚、拥抱，甚至拍拍肩、抚摸头等的爱意表达基本没有，但这并不代表父母不爱自己的孩子。据一个在全世界范围内的调查——“哪国的父母最肯为孩子牺牲自我”，结果中国家长得了第一名。因为很多中国的家长是为孩子而活的，他们所做的一切都是为了孩子。

但是我们的父母或是孩子都不太愿意直接表达自己对彼此的爱意。其实，原因也很简单，这和我们的骨子里的东方人的儒家文化影响有关，我们的性格里天生就有着含蓄与内敛因素。而有的父母已经慢慢丧失了正[illegible]对孩子表达爱意的能力，日后随着孩子的逐渐长大，对孩子[illegible]多表达的爱意就变成了孩子的一种负担和累赘，[illegible]心理。孩子都避之不及，用沉默和冷淡来表达无言[illegible]

身边的实例

和每个父母一样，木木的爸爸对自己的孩子也非常疼爱，但是他却不会表达。有一天木木拿出自己在本子上画的十个太阳：每个太阳都不一样，有太阳公公，有太阳娃娃，甚至有的太阳眼睛睁得圆圆的，也有的调皮地眨着眼睛，有的太阳扎着蝴蝶结，有的太阳戴上了眼镜，而他给自己画的太阳制作出了一道道光芒——有的是一根根线、有的是卷毛状，也有花瓣状的。

木木很高兴地拿给爸爸看："爸爸你看，我画的太阳。"他告诉爸爸，这幅画还被老师表扬了。但爸爸看到后说："你画这么多的太阳干嘛，要热死人啦！"这时，木木有点不高兴，就说道："老师说我画得好。"但爸爸怀疑地说："是吗？"木木突然急了，就指着三颗星说："你看，老师给的三颗星。"爸爸却又说："我看，老师是安慰你的。"木木听了，撅着嘴巴，扭头就走，不再搭理爸爸了。

我该怎么做

实际上，有些父母和这个案例中的"爸爸"一样，似乎很难对自己的孩子直接说一声"你做得不错！"一方面，是碍于面子，另一方面，就是不会表达。每个父母都爱自己的孩子，可是并非每个父母都懂得表[illegible]自己的爱。不同的人对于爱的表达方式也不一样，可是什么样的表达方[illegible]才是最能够被孩子接受的呢？父母要如何表达对孩子的爱[illegible]

其实[illegible]父母的一个拥抱、姿态、表情、语言等，都无一不包含着丰富的、[illegible]愉快的情感，可用于传达自己的爱。而要做到这些，你必须百分之[illegible]纳孩子，并直接告诉孩子你爱他。而且爱是需要明示的，必须直[illegible]来，否则，孩子可能根本就接收不到你的爱。然后，你可以用眼[illegible]子你爱他，并微笑地注视着孩子的眼睛。你也要学会倾听，用[illegible]的态度倾听孩子的心声。

父母对孩子爱的表达，因各自不同的职业、不同的性格、不同的性别、不同的文化背景而不一样，其实如何对孩子表达自己的爱只是一种方式，而爱本身则是更重要的。

11. 怎样爱，才算“真爱”

每个父母，可能都有一个这样的困扰：太疼爱孩子，怕他变得任性；不疼爱孩子，又怕孩子得不到爱。那到底什么样的爱才算真正的爱呢？抛开那些会让孩子变成“小皇帝”的爱，所谓的真爱，就是理解孩子、尊重孩子，包容和帮助孩子，而不是“无边的爱”。

其实，知道爱孩子也是教育孩子的前提和基础。只有父母真正地爱孩子，才可能有后面的积极性教育。同时，只有孩子体验到了父母之爱，孩子才会理解、接受父母的教育，但“爱孩子”并不能与“会爱孩子”画等号。

但什么样的爱才算是真正的爱呢？只有当我们无条件地“接纳”孩子，那才是发自内心的真爱，而不是站在高高的“讲台上”；只有不戴有色的眼镜看孩子，才谈得上真爱，才能走进孩子的内心，成为孩子的知己，孩子才能听取我们的建议，接受我们的教育，这也是衡量真爱的标准。

身边的实例

说到“爱”的例子，其实也不少，比如3周岁的糖糖的故事，就非常有代表性。有一天，糖糖看到楼下邻居家的小弟弟在玩遥控小车，自己也心痒起来，就跑过去让小弟弟也拿给他玩玩。但这个小弟弟不答应，并紧紧抱住不肯给，糖糖看拿不到玩具，就仗着自己个儿大，硬抢了过来拿到其他地方去玩了。

当然，这个小弟弟就大哭起来，哭声引来了大人们。这时，糖糖却大声说，玩具是小弟弟自己给他玩的。在归还了玩具后，妈妈带糖糖回到家。到家后，妈妈和糖糖进行了一次对话，她先问道：“儿子，你觉得妈妈爱你吗?”“妈妈爱我。”“那么如果今天你撒谎了，妈妈还会爱你吗?”“妈妈你是说你不爱我了吗?”“答错了，妈妈依然爱你，只不过妈妈要打你一个屁股。”“如果你今天出去又撒谎又抢别人的东西，妈妈还会爱你吗?”“不知道。”“亲爱的，妈妈依然爱你，只不过这一次妈妈要打你五个大屁股。”糖糖在妈妈怀里松了一口气，因为他明白了无论怎样的状况，妈妈都无条件地爱他，虽然妈妈要管教他，但那管教是基于爱。

我该怎么做

到底怎么“爱”? 这是每个父母心中的一个大问号。其实，也很简单，只要记住一个“定律”——培养孩子的独立性，放手让孩子自立自主，让孩子成长为一个真正的能独立生存的人，才是父母爱孩子的根本。

要达到这个定律，我们可以从这些方面来释放我们对孩子的爱。首先，不要过分保护孩子，凡是孩子力所能及的事情，都应放手让他自己去尝试、去实践。然后，给孩子提供一个独立的空间，这有助于孩子从小养成独立个性。让孩子做一些力所能及的家务，不但可以培养孩子的独立性，也可以使孩子更有责任感。当孩子完成任务后，不管做得怎样，都要对他说声“谢谢”，并给予适时、适当的鼓励。当孩子提出问题时，父母切忌轻易和盘托出答案，只需给孩子一个“引子”，至于结论，就让他自己去寻找吧。

有耐心，不代劳，孩子的独立性不仅依赖身心发展的成熟，也要靠后天的学习。因此，父母一定得有耐心，千万不可操之过急而剥夺了孩子学习的机会。要让他学会在生活中吃点苦，并学会对孩子“索爱”。比如上街购物，让孩子主动帮助提一些物品，下班回来，让子女洗洗刷刷、递递拿拿，习惯于当家务劳动的帮手。只有这样，才能对孩子付出“真正的爱”。

12. 溺爱＝“毒害”

从古至今，每个父母都非常疼爱自己的孩子，加之如今大多都是独生子女，所以这种爱更被放大了许多倍。这就造成了我们对孩子有种天生的溺爱，但你可知道，现在给孩子幸福，就是将来给他痛苦；现在给他“天堂”，就是将来给他“坟墓”。虽然，父母对孩子的爱，本是世界上最可贵的一种情感，但要是父母的这种爱毫无节制，就会变成溺爱，往往会适得其反。父母的溺爱则会造成孩子的任性、骄傲、自私自利、事事依赖，智力也无法得到最佳发展。而这种“坏脾气”还会对孩子的发展产生各种消极的影响，对他的成长、学习、价值观的确立、社会发展、孝敬父母等方面，都有诸多的害处。

父母的溺爱，让孩子内心“无爱”，在这种溺爱的包围下，他们变得只会“接受爱”，而不懂得“付出爱”。溺爱使孩子价值观混乱，因为他一直生活在溺爱的环境中，他想怎么样就能怎么样，然后他就会觉得他不需要这些正确的价值观，他觉得自己满足就可以了，甚至他的思维都停滞在那种感觉里。而有位教育工作者说得好：“不让孩子品尝饥饿，他们就不会知道食物的价值；不让孩子品尝寒冷，他们就不会知道温暖的可贵；不让孩子品尝挫败，他们就不知道成功的美妙。”

身边的实例

“溺爱”的例子很多，我们这里有一个非常典型的例子。有次一个厂商到小区搞活动，为了让大家都能踊跃参加游戏，就准备了许多小礼品。

活动开始时，主持人手上拿着小礼物在台上喊，谁愿意上来参加游戏，这份精美的礼物就属于谁，只要参加了就有。台下的很多小朋友纷纷举手抢着回答，这时有一位老奶奶拼命催孙子上去。这小男孩冲了上去，但由于上台的人太多了，只能从中挑几个，就没有选上这个小男孩。

于是惊人的一幕上演了，这小男孩又羞又怒，下台后，直接给了奶奶两个巴掌。但惊奇的是，他奶奶一点都不惊讶，反倒乐呵呵地给孙子解释：“没关系，不要伤心，等下还有机会，一会你冲上去就不要下来，站在小朋友的中间，主持人不会赶你的。”亲人过多的爱使孩子行为失当，导致暴力倾向出现，当孩子发现地球不再围着他转时，就会把内心的不良情绪发泄在身边的人或者事物上面。

我该怎么做

要避免这样的问题，其实也是不难的。感性的爱必须与理智的爱相结合，这才是你应该付出的爱，也是孩子所需要的爱。

要实现这种“爱”，首先不要给孩子特殊待遇。其次，不要过分注意孩子，可以在暗中关照他、注意他，有客来访时千万不要把自己孩子当作中心话题。再次，不要对于孩子的要求有求必应，也不要降低对孩子的要求，更不要表现出无奈的神情，对孩子的态度要不卑不亢，充满鼓励、信任，并对其严格要求。最后，不要一切包办代替，应培养孩子的自理能力。应该尽可能鼓励孩子去做一些力所能及的事，并有意给孩子创造愉快的劳动氛围，让他们在劳动中充分体会快乐。

13. 不要给孩子造一个“羽翼”

喜欢包办孩子的事是中国父母的传统与特点。这种包办的心态体现在：孩子迈出的第一步就是由父母牵着；所有的上坡下坎都是父母背着；孩子长大外出读书，父母用心系着、用情裹着，等等。这样的“羽翼”剥夺了孩子自我发展、自我锻炼的机会，一旦遇到狂风暴雨，惊涛骇浪，就难免被风折断，这朵“温室中柔弱的花朵”就被水淹没了。

但对于大部分父母来说，“包办”就是对孩子的爱。他们无条件地给予，从而忽视了这种给予对被给予者有何负面影响。在这种过度保护的“羽翼”下，父母不遗余力地将孩子的日常事情都揽在自己身上，生怕孩子做些力所能及的事就会吃苦、受罪。但孩子最终要走上社会，在激烈的社会竞争中“最好的保镖是自己”，家长的过度保护使孩子的能力没有得到发展，一走上社会就会相形见绌。

身边的实例

关于"羽翼"的故事，这里有一个比较特别的案例。小童所在小区的大门口就是幼儿园，小童妈妈每天去买菜，都要路过幼儿园，所以小童每天上学放学，都由妈妈"包办"。

每天早上一出门，小童妈就背着小童的书包，左手拿着水壶，右手牵着小童，送他去上学。到了下午放学时间，小童妈早早地就等候在幼儿园门口，替小童背着书包，提着水壶。而小童呢？则在前面跑，小童妈就在后面追，一边追一边喊着"慢点，慢点好吗？""宝贝，等下摔倒了怎么办"可小童呢？还是一个劲地继续往前冲。

是不是小童就没有能力做好这些事呢？其实不是，这是家长出于过分的关心，怕孩子的小肩膀承受不了书包的重量，所以替孩子包办了，是家长剥夺了孩子锻炼自理能力的机会。

我该怎么做

那么这个"羽翼"，要怎么样才能消失呢？其实只要父母做到以下几点就可以了。首先，家长的关爱要掌握尺度，要给孩子创造锻炼的机会，让他们在处理问题的过程中，得到生活技能的训练。其次，无论孩子做什么事，父母只需要在旁引导，而不需要太亲力亲为，给孩子一定的空间，让孩子独立去面对学习和一切事情。再次，父母应多鼓励孩子参与各种决策，让孩子成为生活的"主人翁"，明白自己的责任和义务。最后，让孩子在自立自主、探索实践的过程中，体会到自我的力量，并由此产生成就感和自信心。

还有一个小秘诀，就是合理运用对比法激起孩子的热情。比如，让孩子比较："自己迅速做完事情的感觉，与妈妈替你做事情后唠唠叨叨，哪个心里舒服？"同时您可以鼓励孩子，并对他提高要求："今天我们要比昨天快一些好不好？"您会发现，孩子的积极性被您调动起来了，做事情越来越有热情了。

14. 学会对孩子说“NO”

你对孩子说过“NO”吗？虽然说“NO”非常简单，但很多父母在面对孩子的时候，还是“开不了口”。其实，孩子成长变化得非常快，假如父母只是一味事事顺着孩子，满足孩子的所有要求，不会对孩子说“NO”，那么很有可能孩子就觉得你怕他，就造成了孩子想怎样就怎样的习惯，有时甚至会根本无视你的存在，以自我为中心，变得自私、无理，想干什么就干什么，不懂得与他人合作。

为什么我们老是说“穷人的孩子早当家”，因为家庭条件的原因，他们的父母总会较多地在孩子面前说“NO”。久而久之，这些孩子就学会了独立去解决、处理事情。

身边的实例

说“NO”的故事挺多，比如小小的故事。小小读4年级了，在小小妈妈眼中，小小就是块宝。一天晚饭时间，小小妈妈叫：“小小，吃饭了。”“今天吃什么？”“牛排，蔬菜沙拉。”“妈妈，我要出去吃比萨饼。”小小大叫。“为什么？”“我不喜欢吃你做的牛排。我现在就要去，走啊，快点。”“不行，小小，我太累了，明天再去吧。”“现在就去！”孩子跺起脚来。“小小，我今天干的事太多了，我刚打扫了房间，又做了饭，实在太累了。以后有机会再去吃比萨饼，不行吗？”“我现在就要去，现在！”妈妈继续请求小小，小小根本不听，接着又哭又叫又闹。最后妈妈屈服了，带他去街上吃比萨饼。

小小妈妈这样做的结果是，不但牺牲了自己应享有的权利，也腐蚀了小小成长的根基，为他将来的生活埋下了隐患。

我该怎么做

那么遇到这类问题，作为父母的你该怎么办呢？作为父母，我们不仅要对孩子说爱，也要对孩子的不合理要求说“NO”。这个世界并非可以为所欲为，人要学会控制自己的欲望。一个不曾被拒绝的孩子长大后是经不住挫折考验的，为了孩子的幸福，父母应施以理智的爱，学会对孩子说“NO”。

父母应该怎么对孩子说“NO”呢？首先，要明确地告诉孩子拒绝的理由，而不是编一些借口来骗孩子，并且作为父母，也要坚守“言出必践”，从而树立威信。其次，要学会满足孩子所有合理的需要，这是父母的爱和责任，拒绝不合理的要求也是父母的爱和责任。通常来说，孩子提出不合理的要求，一旦被拒绝，往往会以哭闹要挟，这时建议父母们冷处理，如果一哭闹你就妥协，那就等于在助长他提出更多的不合理要求。最后，利用孩子注意力不稳定的心理特点，巧妙地将孩子的注意力引到别的事情上，使他在不知不觉中放弃了原来的行为或愿望。

15. 摆脱孩子的“要挟”

谁没有被孩子“要挟”过？但面对这样的“要挟”，该怎么处理呢？若是迁就、顺从孩子的不合理要求，实际上是助长他们“自我为中心”的意识，随着这样的“自我意识”的无限膨胀，孩子会变得越来越自私自利，而父母对他们付出的爱，孩子也绝对不会懂得感激，并认为一切是理所当然的。

有些要求是不合理的，面对孩子提出的不合理要求家长应如何面对，这是一个很棘手的问题。要处理这些“要挟”，并不能简单粗暴地“解决”。小孩虽小，可心里明白自己所依靠、所依赖的就是父母，孩子的心灵是很脆弱的，轻易甚至粗暴地拒绝孩子的需求会导致孩子的心理受到损伤，产生不安全、无所适从的感觉。

每当你准备否定孩子的“要挟”时，都要“三思而后行”，决定之后就把自己的理由认真地告诉孩子，要相信孩子的认知能力，使孩子最大限度地理解自己的做法，要给孩子讲道理，让孩子感到家长不是通过干涉自己的自由来管自己，而是自己的要求过分，或者家里的确有困难，这对他们今后的生活道路亦是有所裨益的。

身边的实例

生活中，被孩子“要挟”的父母不少。红红是小学三年级的学生，周末妈妈带她到商场给奶奶选生日礼物。路过一个玩具柜台时红红就不挪步了，并指着一个几百元的机器狗，非要妈妈买给她。

家中已经有几个小的机器狗了，所以这次妈妈不打算给她买。妈妈拉着红红，赶着去给奶奶买东西。但这时的红红当然不肯，妈妈看到红红不肯，又许诺说下回红红过生日时把这款机器狗送给她做生日礼物，谁知红红还是不为所动，甚至干脆一屁股坐到地上。

妈妈一气之下掐着红红的胳膊想把她拉起来，这时的红红在使劲挣脱之后，便开始躺在地上打滚儿。周围许多逛商场的人围过来看，妈妈尴尬极了，只好赶快掏钱买下机器狗带着红红“逃离”众人的视线。最终，妈妈在红红的“要挟”下，败下阵来。

我该怎么做

其实，拒绝孩子“要挟”是一门学问，必须使用得当。如同一副药，必须要先看说明书，否则用错了地方，反而会坏事。不合理的拒绝不仅达不到目的，还有可能对孩子造成伤害。

拒绝的方法很多，如直接拒绝式：0～2岁的孩子，语言表达能力、理解能力都有限，因而不适宜做过多解释，可以用直接拒绝方式；委婉迂回式：对于2～3岁处于执拗敏感期的孩子较为适宜，处于这一阶段的孩子对“不”字非常敏感，直接拒绝极易引起叛逆心理，或使孩子有挫败感，所以对于这一年龄段的孩子婉拒方式比较适合；共同约定式：适于3岁以上理解能力较强的孩子，一是制定家规，二是事前约定，三是临时商议；气氛调节式：如果我们能够制造愉悦的氛围令孩子心情放松，然后再提出拒绝，这样孩子往往因为心情不错，而更容易接受家长的建议；激励鼓舞式：在限制某些需要的同时，为孩子展现更美好的前景，令孩子心驰神往，为达到更高目标学会忍耐。

16. 让孩子学会“做事”

让孩子学会主动做事，这是每个家长心中的目标。要是啥事都是父母包办，代替得越多，孩子的依赖性就越强；反之，如果父母不插手孩子可以做的事，孩子没有了依赖，就会自己动手做了。

凡是孩子自己能做的，应该让他自己去做；凡是孩子自己能够想的，应该让他自己想。其实，只要父母们肯放开手，就会惊奇地发现孩子的潜力是无穷的，他们能做许多在父母看起来不可能做到的事情。

不论是抓住跑来跑去的玩具，还是放好桌子，各个年龄段的儿童都能够完成一些他们那个年纪的孩子所能做的事。作为父母，你工作的重要部分就是帮助孩子掌握新的能力，而且给孩子信心让他做得最好。

身边的实例

关于妈妈和孩子之间“做事”的故事非常多，比如，兰兰的爸爸在外地工作，平时很少有时间回家，她妈妈上班又很忙，于是兰兰就在外婆家住下了。平时也是外婆、外公接送兰兰。一家人对兰兰照顾得无微不至，什么事情都帮兰兰做好，就连漱口水都送到她手上。

有一天，是兰兰学校的自由活动时间，兰兰看着同伴的书，嘀咕着说：“我妈妈又忘记在我书包里放书了。”她只能在同伴旁看着书。珠心算活动时，兰兰尴尬地说：“金老师，我妈妈忘记帮我拿算盘了。”“这可是你自己的事情，下次不要忘记哟。”“知道了。”兰兰点点头。在家中，什么事情都是兰兰外婆、外公操办的，她自己根本不用动手，这导致她觉得什么事情都该家长为她完成，长此以往就造成兰兰不负责任，没有责任心的后果。

我该怎么做

要让像兰兰这样的孩子改掉坏习惯，让他们主动动手“做事”，其实也不算难，父母首先应该学会适当放手，让孩子自己去做事情。比如，让他们在小事中学会自理，凡是孩子自己能做的就让他自己做，不要代替他，并培养孩子初步思考的能力。凡是孩子自己能够想的就应该让他自己去想，让他们在劳动中培养兴趣，当孩子有了一定的生活自理能力后，父母要注意引导孩子从收拾自己的玩具、用具，打扫房间的卫生，洗小衣物等小事做起。

除此之外，我们还应该培养孩子自己做决定的能力。比如双休日到哪儿玩，让孩子作为平等的一员参与意见，如果可行就采纳。对孩子的劳动成果，父母应及时地表扬和鼓励，还要鼓励孩子不怕困难，敢于实践。

17. 让自己学会“尊重”孩子

不管是谁，都喜欢被“尊重”的感觉。而孩子也是需要尊重的，尊重孩子是家长的一种责任，尊重也是一种最好的家庭教育。尊重孩子，就是把孩子看做一个独立的人，给予孩子足够的尊重，就是要满足孩子对独立的需求。而一个孩子得到大人的尊重，长大后也就懂得如何尊重他人。

对于父母来说，无论孩子乖巧还是淘气，聪明还是木讷，家长都要无条件地接纳孩子。绝不要当众揭孩子的短，不要横向比较，动不动当孩子的面说人家的孩子怎么那么棒，要尊重孩子的合理要求和决定，不随意打断孩子的活动，让孩子多做些决定。让孩子逐渐找到信心，觉得自己能行。

身边的实例

还是让我们从故事说起。一个夏天的中午，在小区的花圃里，小丽和其他小朋友在跳皮筋，跳着跳着，小丽不是同伴的对手，被同伴挤兑了几句，小丽倒没什么反应，反倒是小丽妈妈在一旁看不下去了，大声呵斥小丽："你怎么那么笨！跳不过就不要跳了嘛。走！跟我回去。"妈妈伸手就去拽小丽，小丽很尴尬，可还是被母亲拉回去了。

小丽妈妈当着孩子同伴的面训斥小丽，不仅伤了小丽的自尊心，还让小丽失去了信心。人是有尊严的，孩子也不例外。作为父母，在教育孩子前还是要先学会尊重孩子。

我该怎么做

要是你遇到这样的情况，作为父母，如何做才合适呢？首先，作为父母，作为成年人，要遵循孩子成长发展的自然规律。无论是孩子的生理还是心理发展，均有其自身发展的内在规律。父母在急于求成心理的驱使下，往往只能接受孩子的成功，不能接受孩子的失败。

其次，要允许孩子说想说的话，在交流时父母要尽量找共同语言，选择孩子喜欢的谈话方式和内容，允许孩子说自己想说的话，不要随意打断他们。在教育孩子的同时，也要替孩子着想，给孩子留点面子。

最后，也要给孩子空间。作为家长应给予孩子足够的关注，给他们充分的自由空间和家庭民主权。不仅如此，作为父母，还要勇敢地承认自己的错误。父母在做错事后，能真诚地向孩子道歉，孩子就会懂得承认错误并不是一件可耻的事，从而提高孩子分辨是非的能力。此外，还要尊重孩子的独立人格和自我意识。孩子虽小，也是一个独立的个体，孩子和家长在人格上是平等的，所以孩子和家长应该是相互尊重的。

18. “骂”要“骂得准”

没有任何人从小到大能不犯错误，常言道“不会犯错的孩子不会成长”。虽然难免会犯各种各样的错误，但只要是犯错误，就有可能受到父母的批评和教育。而有的父母不问青红皂白地对孩子横加指责，这种做法肯定不对；一味地姑息迁就对孩子的成长也是极为有害的。

父母打骂孩子的心情非常正常，这正是由于担心孩子的错误会因量的积累而发生质的变化，所以父母大多会采用破坏性批评的教育方式，试图通过严厉的批评让孩子悬崖勒马、改过自新。但在打骂孩子时，父母能够正确地帮孩子及时改正，并告诉孩子正确的做法，而不是拿出家长的一些威严打骂孩子，相信这样长大的孩子会更优秀！

身边的实例

我们这里有一个故事，能合理地解释“骂得准”的重要性。康康5岁了，她弹琴时表现出极大的随意性，无论老师怎么讲解正确的指法、手形和要求，最终在她的脑子里，没有留下丝毫的印迹。

妈妈看在眼里、急在心上，她一遍又一遍地提醒外加亲自示范，可康康摆出一副不合作的态度，在琴凳上扭来扭去，一会儿喝水、一会儿上厕所，没过两分钟又嚷着累了要歇会儿。妈妈内心的怒气终于冲破了忍耐的底线，吼道：“跟你说过多少次了，你就是不长记性，一会儿喝水，一会儿上厕所，你到底还弹不弹……”

最后，康康仍然没有学会，被骂之后，康康还是像以往一样。这种“嗓门越高就越能产生立竿见影的效果”在康康身上没能实现，并且大喊大叫使孩子丝毫感觉不到尊严的存在，也把妈妈的修养咆哮得无影无踪。

我该怎么做

作为康康的妈妈，应该如何处理这种事情呢？其实，也不难。要批评孩子，就一定要客观，实事求是，千万不要夸大孩子的错误。另外采用“冷处理”方法，往往比大声训斥的效果要好。

在“骂”孩子时，父母也不要当众批评孩子，要给孩子留面子。孩子也是有自尊心的，否则会产生抵触心理。父母也可以用故事批评孩子，这不仅可以避免亲子冲突，而且会让孩子感受到父母的涵养，进而更加尊重父母、崇拜父母，促进亲子关系和谐发展。

在“骂”孩子结束后，不要继续长时间板着面孔，这样会使孩子的心灵感到压抑和沉重，不利于孩子身心健康成长。父母在批评孩子时要形成“统一战线”，共同努力，让孩子能正视自己所犯的错误并努力去改正自己的错误。在批评孩子之后要给孩子心理上一定的安慰，如可以从语言上安慰孩子，也可以从行动上安慰孩子。

19. 保护孩子“隐私”

和每个人一样，孩子们也有自己的隐私，即不愿被他人知晓的事情。若他的“隐私”常受到侵害，会对其健康成长造成阻碍。尊重孩子的隐私，在家庭教育中应当表现为更多的契约精神和民主、协商的方法、方式。但令人尴尬的是，孩子隐私的侵犯者，通常是他们的父母，或者老师。

比如，当我们的孩子有了隐私，很多父母不是去尊重，而是千方百计地去侦察，如翻抽屉看日记、拆信件，甚至打骂训斥。殊不知这种做法会伤害孩子的自尊心，造成孩子沉重的精神压力，甚至产生敌意和反抗，并采取全方位的信息封锁和防备措施，结果导致父母与孩子关系的恶化。

身边的实例

父母不保护，甚至偷窥孩子的隐私的例子数不胜数，比如正在读初中的涛涛的故事。涛涛喜欢把自己的东西都锁到自己那个小小的柜子中，并把钥匙藏起来。一天晚上，妈妈发现女儿的钥匙放在桌子上，又惊又喜，准备打开柜子看看女儿究竟藏着什么秘密。

这时，丈夫制止说："你这样做必然会引起女儿的反感。"果然，第二天一大早，女儿醒来就大叫起来："你们偷看了我的东西！"妈妈不容置疑地说："没看！"女儿叫道："我在钥匙上放了一根头发丝，怎么不见了？"母亲猛地倒吸一口凉气：幸亏听了丈夫的话。女儿打开柜子，看见里面的东西纹丝不动，道歉说："冤枉你们了。"母亲有点沉不住气了，马上说："本来我是想看的，可你爸没让我看。"女儿说："只要你们看了我就能发现，我所有的东西都有'暗道机关'！"女儿的话让母亲大吃一惊：她这不是把我们当成"特务"了吗？

处在青春期的少男少女，总爱给自己的抽屉上把锁，似乎有什么秘密。这个"隐秘世界"是孩子自由个性的集中体现，包括父母在内的其他人再不可随意跨过自己内心世界的"警戒线"。

我该怎么做

对于父母来说，应该如何面对、处理孩子的隐私呢？首先，主动以平等的态度与孩子多交谈，谈自己在与他同龄时的一些所思所想、成功和挫折，甚至谈一些当初的隐私，谈自己对事物的看法和想法，倾听和征求孩子的意见和建议，使自己成为孩子可以信赖的朋友。

并且，学会为孩子保守秘密。在家庭中建立亲情乐园，要从尊重孩子开始，尊重孩子的隐私开始。一旦父母承诺为孩子保守秘密，就要严格遵守。如果不慎说了出去，一定要及时向孩子道歉，以得到他的谅解。

20. 学会对孩子说“GOOD”

不必羡慕人家孩子这样好或那样好！是不是自己的孩子真的就没有“好”处了呢？其实，你应该学会发现自己孩子身上“闪光点”，每个孩子都有自己的长处，孩子在这方面比别人差，可能在另一方面要强过别人，这就是孩子身上的闪光点！

在承认孩子各自有各自的闪光点，各自有各自的发展优势和劣势的同时，还要因材施教，以表扬、鼓励教育为主，让孩子以优带劣、全面发展。每个人在成长的过程中都会遇到这样那样的难题，都会有感到彷徨、无助的时候。这时候都是父母赏识孩子的最佳时机，父母的一句鼓励会让孩子获得无穷的力量和勇气；父母的一句赞美也会让孩子体验到成功的喜悦。父母要善于发现孩子身上的每一个闪光点。对于每个孩子来说，缺少的往往不是成功，而是发现。孩子也有需要与人共同分享的时候，需要在他人的赞美声中获得自我肯定。

身边的实例

我们也遇到很多这样的例子，其中最有意思的一个，就是7岁蒙蒙的故事。蒙蒙在班里学习成绩不理想，这样蒙蒙就很少能“领到”老师的赞扬。有一次英语口试，她表现得很不错，英文老师给了她一个“very good”。当老师让口试没通过的同学上讲台再次口试时，这位小女孩竟然又一次“混入”口试没通过的人群中，上讲台再一次去口试，当被问到为什么再次参加口试时，她说：“我想再听一遍‘very good’。”

事实上，像蒙蒙一样，每个孩子都有值得肯定的长处，有的因为聪明，有的因为善良，有的因为勤快……让我们用放大镜去发现每个儿童的闪光点，并用世界上最美丽的语言去欣赏和赞美他们。在赞扬中长大的孩子会更自信，自信的孩子更能走向成功。

我该怎么做

面对像蒙蒙一样的孩子，我们应该怎样对她说“GOOD”呢？处在成长中的孩子往往跃跃欲试，好奇心强，总想做超出自己能力或从未做过的事情，但受年龄或能力的限制，往往事与愿违。这时父母不应吝啬夸奖孩子，应该多对孩子说赞美的话、鼓励的话，少说贬损的话、批评的话。父母要给孩子充分的理由，让他真正认识到自己的长处，寻回自己的自信。只有深入挖掘孩子的闪光点，才能起到激励的作用。

赏识孩子也不能只停留在口头表扬上，当孩子有些许进步的时候，应及时予以肯定，并给孩子创造展示自己的机会，让他们在认识自身价值的同时还能够体验快乐，增强信心，也让其他孩子能够看到他的过人之处。赏识孩子，还应该在他遇到困难时鼓励他，让他勇敢面对；在他取得成绩时，给他赞美和掌声，让他体验成功的喜悦；当他克服某个困难时，你应马上把你所想的告诉他，让他知道，其实你一直在关注他。这些均要求我们要有敏锐的观察力，要善于从新角度看问题，能从孩子表现出的细微处，及时发现孩子身上潜藏的东西，并给予赞美和肯定。

21. 准备一把“铲子”挖孩子潜能

谁敢说，自家的孩子没有“潜能”！但为什么有的父母能挖掘，有的父母就不能呢？其实，那是因为有的父母心中缺少一把挖掘孩子潜能的“铲子”。有了这把神奇的“铲子”，我们就能善于发现孩子天赋，善于挖掘孩子潜能，善于培养孩子的特长。

孩子的潜能，就像神秘的宝藏，而大多数时候，父母是在无意间揭开或发现他们的潜能的。只有父母一直拥有一颗善于去发掘的心，才能最大程度地开启孩子的智力；反之则会使孩子自身的才智被一点点地消磨掉，最终变得平庸。

我们都知道，世界上没有人全能，也没有人无能。人的智能是多元的，每个人都蕴藏着等待我们去挖掘的潜能，而每一种潜能的充分培养和发展都能走向成功。孩子的潜能是个巨大的宝库，要仔细观察和发现，懂得开发。每个人都有先天禀赋，后天的教育更重要。

每一个孩子生下来就有很强的可塑性，幼儿时期是人生成长过程中接受知识最快、智力发展最迅速的时期之一，同时也具有很大的潜能需要开发。作为父母，如果能以兴趣为载体，从各个角度积极开发挖掘他们的潜能，使孩子的潜能得到充分的发挥，孩子的能力必将有很大提高。

身边的实例

你知道吗？其实并不是父母没有挖掘孩子潜能的“铲子”，而是他们常常主动丢掉“铲子”，比如5岁兰兰的故事。兰兰喜欢背九九乘法表，而且背得很熟。原来外婆经常带孩子背乘法口诀表，孩子喜欢上了这种自言自语的游戏，一再重复，孩子就记得很牢。父母喜出望外，期待她在数学方面有特殊的天分。但是当幼儿园的考试成绩出来后，他们感到很失望——只不过是平均水平。

于是兰兰的父母就再也没把兰兰的这个“特长”当回事了，以后兰兰再次兴奋地跑到父母前面，背九九乘法表时，她父母的回答就变成了“嗯”“啊”的一些无精打采的回答。兰兰失望而去，久而久之，兰兰也就“放弃”了这个让自己曾经多次受到鼓励的“特长”。

我该怎么做

父母的这个“铲子”应该怎么挖？怎么才能真正挖掘到孩子的潜能呢？实际上，孩子的潜能通常都在日常生活中表现出来。作为父母的你，应当在日常生活中仔细观察，对于孩子身上无意中被发现的才能，父母可借助专业人士的评估，了解孩子的实际发展水平，以便能正确地找到他喜欢什么擅长什么，从而创造条件加以鼓励，并保持这些特长的发展。

而我们的每个孩子身上都蕴藏着巨大的不可估量的潜能，每个孩子都是天才，宇宙的潜能隐藏在每个孩子心中。

22. “提早”发现孩子的天赋

发现孩子的天赋，要早！越早越好，每个孩子初期都有一种潜能，这种潜在能力一直处于沉睡状态，等待着我们去唤醒。潜能从不会轻易地表露出来，但若我们忽视这个潜能，这种“闪光灯”就会像火花一样消失掉，以至于以后也没有了。所以作为父母，一定要从小事中观察孩子的内在潜力，从而正确指引孩子的发展方向。

越早找到孩子的潜能，才能更多更好地培养出孩子更多的“闪光点”。生物学意义上的天赋，即孩子的潜在能力，而人不存在谁聪明谁不聪明的问题，区别在于哪一方面聪明以及怎样聪明。也就是说，每个孩子都是一个独特的个体，都有一种或多种的特殊本能、技能或特质，都有自己的智力强项和弱项。从天赋上来讲，上帝是公平的，正所谓当一扇窗户被关闭的时候上帝还会打开一扇门，每个孩子都有自己的独特优势。现实中我们常有意无意地忽视了孩子的先天优势，让孩子用自己的弱势与别人的长处竞争。

身边的实例

没有尽早发现孩子潜能从而进行培养的故事非常之多。比如从小喜欢轮滑、足球、爬树之类的运动、游戏的科科。因为父母都从事非常辛苦的体力劳动，为了让儿子将来能改变命运，从事高雅、轻松的工作，于是就让科科去学美术。但是科科死活也不想去，他要学跆拳道。最后，在父母的逼迫下，科科还是去学了美术，一年以后，他的美术成绩在全班倒数第一。

反而，之前和科科一样热爱体育运动、游戏的好朋友乐乐，学乒乓球成绩却十分优异，并被选入了市少儿乒乓球队，甚至还经常出国表演；科科的另一个好朋友芬芬练到了跆拳道黑带，而芬芬原来各项运动、游戏都不是科科的对手。看到好朋友们的成功，从此，爸爸妈妈讲什么科科都不听，而且脾气越来越坏。但这一切怪谁呢?

若不尽早正确地找到孩子的闪光点，而只是按自己的想法去发觉孩子的闪光点，那么对孩子而言，最终收获的将是自卑，丧失的将是自信，断送的将是一生的辉煌。

我该怎么做

作为父母，我们应该怎么做，才能正确地发觉孩子的闪光点呢?要尽早发现孩子的闪光点，最好从婴儿时期就着手。只要父母仔细观察婴儿潜在天赋的信号，就有可能发现婴儿的天赋，并进行开发，使他们的潜在天赋得以发展。

比如从兴趣看天赋。这主要在于家长平时的仔细观察。孩子是否接连不断地提出某一方面的问题，聚精会神地听某方面的讲述，或津津有味谈论某一领域的事情等。也可以看行为，孩子在某项活动中表现出色，优于其他同龄儿童，表现为对某些知识一点就通，容易入门，学习积极性与主动性强。甚至可以看性格。例如一些意见一旦被否决就直掉眼泪的孩子，感情脆弱、敏感，日后大多数可成为有艺术才能的人。

23. 孩子的情商增值计划

很多父母都怕自己的孩子和孤僻、怪异、不易合作这些词挂钩。父母们都知道，一旦孩子与这些词“挂钩”，就算孩子有再高的智商，也很难有所成就，所以情商是一个人获得成功的关键。

情商是良好的道德情操，是乐观幽默的品性，是面对并克服困难的勇气，是自我激励，持之以恒的韧性，是同情和关心他人的善良，是善于与人相处，把握自己和他人情感的能力。但情商不同于智商，它主要不是先天决定的，而是后天培养起来的。所以，如何培养孩子拥有高情商，成为每个父母心中一直努力的目标。

家长如果能够以身作则地教会孩子如何控制自己的情感，孩子在今后成功和幸福的路上就已经走出了非常坚实的一步，家长是孩子责无旁贷的“情感辅导”。培养情商是一项非常具体的系统工程，需要充分利用环境，从孩子个性特点出发，顺应规律，因材施教，通过行为举止、生活礼仪、社会公德、遵纪守法等各个方面，长期耐心细致地引导和教育才能做到。

一个乐观自信的孩子是不怕失败的，是有创造力的，是具有获取成功和幸福的能力的。这才是真正能让孩子享用一生的财富！

身边的实例

培养情商必须要从实践中学习，从小事做起，但很多父母却不能做到，究竟什么样的事情才叫小事呢？比如3岁的蛋蛋的故事。一天早上蛋蛋醒来，瞪着大眼睛，深情地注视着妈妈。看见妈妈睁开眼睛，蛋蛋的眼睛眯成了一条缝，笑眯眯地对妈妈说："妈妈，你醒了呀？"妈妈看着蛋蛋快乐的笑容，沉醉地笑着说："你早就睡醒了呀？宝贝！"蛋蛋甜甜地点点头。妈妈问道："那你在想什么呀？"蛋蛋说："我在看你睡觉的样子，我还看到你的眼球在来回地转动。"

妈妈瞪大了眼睛故做惊奇地问："真的呀？那你为什么不把妈妈叫醒呢？"蛋蛋用手抚摩着妈妈的脸说："可怜的妈妈，我爱你，你白天太辛苦了！你的腰还疼呢，我就没有叫醒你！"

妈妈真没有想到儿子会这么地懂事，感动得流出了眼泪。一个才满3岁的孩子，竟然说出这样的话，做出这样的事情，真让人不敢相信。妈妈紧紧地抱住蛋蛋说："孩子，妈妈爱你，你太让妈妈感动了！妈妈不辛苦，因为有你妈妈快乐着呢！你看妈妈是不是笑得很开心很幸福呀？"蛋蛋抿嘴笑着并闭上眼睛，趴在妈妈的怀抱里喃呢着："妈妈，我也很幸福！因为我和你在一起！"说着用力地抱了下妈妈。

我该怎么做

如何才能把孩子教育得像蛋蛋这样懂道理呢？情商培养须从幼儿时期抓起。从出世的那一刻起，我们越多接收到肯定和共鸣，就越有机会从被接纳中学会接纳别人和肯定自己，情绪智商便越能提高。

也只有这样，才能培养出像蛋蛋这样能知道、理解他人的痛苦，感情比较细腻丰富的孩子。妈妈没有让蛋蛋的情感付之东流，而是抓住了孩子情感释放的关键时候给予鼓励和回应，让孩子对关心他人的初步萌芽得到健康的成长。加深了孩子与母亲的情感距离，使亲子关系更为融洽，同时更促进了孩子情商的发展。

24. 挖苦孩子“后果严重”

相信很多父母都有过这样的“挖苦”经历，有时候，孩子特淘气，无论你怎么教他，他都不会听，这时的你就会适当“挖苦”他一下。恶言恶语，强迫威胁，甚至挖苦讥讽，大多是那些年轻母亲在气急了的时候、恨铁不成钢的情况下，训斥子女时常采用的方法。但当你的挖苦、讽刺这种强烈的刺激，超越了孩子的理智能够接受的范围，就会变成对儿童人格的羞辱，会刺伤孩子的自尊心。家长和老师采取这样的方式对孩子进行教育，往往会适得其反。

孩子作为一个独立的人，应该受到尊重。挖苦、侮辱孩子，不是体罚却是“心罚”，是一种“语言暴力”，是一种精神虐待。当你用这种讽刺挖苦的方式教育孩子的时候，你可曾想到这会影响孩子一生的性格。

虽然，每个家长都疼爱自己的孩子，但家长没有认识到孩子虽然还不太懂事，可他们也有情感、有委屈、有苦恼、有失望、有悲伤，做父母的应当去理解孩子的想法，才能引导他们健康成长。

身边的实例

挖苦的例子真不少，有的孩子被父母“挖苦”后会不理父母，有的则会哭泣而去，这个故事里的鹏鹏，却用另一种方法告诉父母，“挖苦”给孩子带来的痛苦。

鹏鹏因为一件小事而被父母挖苦，在和父母对峙许久后，鹏鹏写了一封信给他的母亲，信中写道：“妈妈，请你尊重我，不要讽刺挖苦我了，我实在忍受不了了，我也是爱面子的人，也有尊严。一次，我考试错了一道题，你劈头盖脸地当着同学的面，骂我笨，讽刺我没有出息，将来只能卖苦力。而另一次，我的数学得了100分，我以为你会高兴地表扬我，可是你板着面孔，嘲讽我是抄袭得来的，当时我的心里好难过。

一天，我与一个女同学一起回家，你看到我与女同学一起走，跑过来，凶神恶煞地把我拉到一边，骂我不要脸，毛还没有长出来呢，就想谈恋爱了。当时我的尊严完全没有了，气得肺要炸了。一次，同学到家来找我玩，你像“黑社会老大”一样训斥我，害得我在同学中没有面子，抬不起头来，我难过了好几天。这几天，你变了，变得不是我妈了，每天视我为仇人，批评我的话特别难听，句句如同尖刀一样，让我的心流血。我看见你就害怕，还恐慌，心中难受。妈妈我真的希望你温柔一些，不要再数落我、嘲讽我、挖苦我、打击我了。我真的受不了了。”当母亲读完信时，完全震惊了。

我该怎么做

虽然我们承认，批评也是强化教育的一种手段，是必要的，也是对的，但对于孩子过多的“挖苦”，把孩子说得一无是处，会直接伤害孩子的自尊心。失去了自尊心就会使孩子“破罐子破摔”，“自暴自弃”，“情绪低落”，提不起精神来。

惩罚只是手段而不是目的，惩罚孩子的目的自然是为了引起孩子的良性转化，那么惩罚的“量刑”就必须合乎孩子的行为。其实，有时候，父母间接的和直接的批评，给孩子使个眼色、对他的行动加以限制、没收他的玩具等都是惩罚的手段与方式。

父母教育孩子要相互配合，态度一致，赏罚分明。该奖时就要郑重其事甚至煞有介事地奖，让孩子真正体会到受奖的喜悦。让孩子明白自己受罚的原因才是根除错误的关键，说理是惩罚孩子之后不可或缺的一个重要步骤。

25. 剃掉孩子的“浮躁”

每个人都有浮躁的时候，特别是青少年时期，所谓年轻气盛嘛！所以浮躁心理是当前一些青少年的通病，表现为行动盲目，缺乏思考和计划，做事心神不定，缺乏恒心和毅力，见异思迁，急于求成，不能脚踏实地。浮躁使人失去对自我的准确定位，使人随波逐流、盲目行动，对个人和整个集体都极为有害。

浮躁若不能引起我们的注意，久而久之会容易把孩子抛向做事无恒心、见异思迁、不安分守己，总想投机取巧，成天无所事事，脾气大的“深谷”。而这种浮躁心理的表现形式，也会因孩子而异，经常性的表现为想不到、坐不住、听不进、管不牢、忙不停、写不完、长不了。

身边的实例

浮躁的孩子，我们见多了，像洋洋这样的孩子就是一个典型。洋洋参加了学校的绘画兴趣小组，没学几天，觉得足球运动最流行，于是改学足球了；又过不久，感觉踢足球太累，想学一点轻松的，就上了剪纸班；但剪纸又太繁琐，于是转学钢琴……这样，洋洋不断地换班，始终没有静静地坐下来专心学好一门本领。一学期结束，洋洋发现自己什么也没有学会。

如今像洋洋这样的孩子都生活在一个五彩缤纷的世界里，各种新奇玩意，多如牛毛。孩子很容易分散精力而被吸引过去，对于学习就难以全神贯注、专心致志地进行。

我该怎么做

要在这种变化万千的社会中改变孩子的坏毛病，不让浮躁的心态长期存在其实也很简单。首先，父母要为孩子营造一个宁静的学习氛围。父母一方面要注意防止新奇怪异的事物影响孩子的注意力，另一方面还要主动为孩子营造一个安静、少干扰、少诱惑的学习氛围。

其次，要正确引导孩子的好奇心。因为孩子的好奇心有可能成为产生浮躁情绪的根源，应把他们的好奇心引入对问题、对事物、对现象的深入探讨中，让孩子对深层次、更本质的内容产生好奇，从而锻炼孩子的思维能力，提高孩子的思维水平。

再次，帮助孩子调节心理状态。当孩子因学习而心情烦躁的时候，可以让孩子先把功课放一放，听一曲优美、舒缓的音乐；可以带孩子出去散散心，减轻他心理上的负担，让他的心情平静下来，以更充沛更集中的精力重新投入到学习中。

最后，要求孩子做事情要先思考，后行动。让孩子有始有终，不焦躁，不虚浮，踏踏实实做每一件事，并有针对性地“磨练”。

26. “灭”掉孩子的脾气

孩子挑三拣四、一觉得自己受到了“不公平待遇”就告状、不讲道理，甚至常常为一点小事大发脾气，这些事情，父母应该都或多或少地遇到过。在日常教育中，有些孩子特别容易出现任性和无理取闹的情况。

家长的不当教育方式，是造成孩子爱无理取闹的一个重要原因。父母对孩子的要求总是无条件地满足，孩子衣来伸手，饭来张口，时时、事事、处处都处于家庭的中心位置，这就使孩子学不会独立面对生活的本领，反而将保持自己的中心位置作为生活目标，进而形成自我中心和任性、蛮横行为。

蛮横则表现为孩子按自己的意志行事，蛮不讲理、横行霸道、恃强凌弱，如有不顺就撒泼打架。孩子几乎是生下来就会察言观色的，父母最初的无条件妥协是造成孩子无理取闹的起始原因。加上现代家庭中，经常出现祖父母对孙辈溺爱和袒护、夫妻双方对孩子的教育方法不一致等一系列问题，使孩子变得越来越“难缠”。

身边的实例

孩子发脾气，相信很多父母都已经领教过了！现今都是独生子女，每家都只有一个宝贝，所以都视为掌上明珠，百般呵护。有的父母无原则地溺爱、娇宠、迁就孩子，导致孩子任性、蛮横、不讲道理，在与同伴交往中，愿望得不到满足，就发生了攻击性行为。

比如糖糖的故事。一天晨间活动时，糖糖和同班的一个男孩子打了起来，老师忙跑过去问他们是怎么回事。糖糖说："这个蹦蹦球是我先拿到的，他来抢我不给，他就打我，还狠狠地踢我。"老师一看这个男孩，原来是班中有名的"调皮大王"——丢丢，老师问他为何又打人，他却对老师理直气壮地说："谁让他不给我玩的，不给我，我就打他。我爸说的，谁欺负我叫我不要怕，要比他凶，要打得他趴下。"看他那么振振有词，老师呆住了。

我该怎么做

像丢丢这样蛮横的孩子，以自我为中心，不考虑别人的需要和意愿，长大之后，往往适应不了社会，难以独立生活，在人生的道路上更容易遇到挫折和障碍。面对孩子的无理取闹，有些家长不管三七二十一就训斥孩子一顿，而有些家长，则对孩子过于迁就，那么要怎么才能正确地教导孩子，"灭"掉孩子的坏脾气呢？

在我们教育的过程中，应该让孩子明白任性和蛮横对自己发展的害处，并对孩子的任性和蛮横行为进行必要的处罚，但尽量避免体罚。对孩子的任性和蛮横行为的惩罚主要应当以冷处理为主，对孩子的任性和撒泼不予理睬，孩子在得不到大人的回应之后，就会改变自己的行为方式。父母要为孩子树立谦和和负责任的形象，父母为人谦和，对事敢于负责，有不对时敢于自我批评，都会对孩子形成潜移默化的影响，都有利于孩子形成敢于负责的性格，克服任性蛮横行为。

家庭成员在如何对待孩子任性和蛮横行为的处理上有分歧，也要私下里协调，而不应该当着孩子的面表现出来，否则孩子就会觉得有靠山，有保护伞，继续其不良行为。要改变不恰当的教育方式，选择民主、理性的教育方式，既给孩子应有的关怀和爱，又给孩子以生活本领的指导和帮助，不随意满足孩子无理的要求，不强化孩子损人利己、刁蛮霸道的行为。

27. “挑”掉孩子的任性

不管谁家的孩子应该都有任性的时刻吧？面对孩子“不要就哭”“不要就闹”的情况，我们该怎么办？其实每个孩子都或多或少地任性过，任性是指孩子的需要、愿望或要求毫不克制，为所欲为，固执己见，这是一种不良的行为。任性的孩子难以和别人友好相处，如果任其发展，将会严重影响孩子的健康成长。

任性的孩子的表现，是对家长的正确劝告故意不听，稍不如意就犯拧，拧劲一起来，家长怎么说都不行。任性的孩子总爱以“不吃饭”“大哭大闹”“满地打滚”等为手段要挟家长，一旦以“胜利”告终，他们就会变得越来越任性。

身边的实例

我们正好有一个孩子任性的典型例子，这里和大家分享一下。罗罗读小学三年级，在上课的时候，罗罗根本坐不住，老师在上面讲，他一个人可以玩得津津有味，要么一个人离开位置走到另一桌，要么一个人睡到地上，要么就和同桌讲话，反正是闲不住的。每次下课的时候，小朋友告状说的名字最多的也是罗罗："老师，罗罗抢我的东西"，"罗罗打人了"，"罗罗哭了"等。

最近班上流行玩陀螺，小童带了两个陀螺，而罗罗没有。他看见小童在玩，也很想玩，于是就跑去向小童要，小童不给，罗罗就抢，抢又抢不过来，结果两人都哭了。老师走过去问怎么了，罗罗很大声地说："小童不给我陀螺玩，他不跟我好。"老师问他："这陀螺是谁的？"小童哭着说："是我的，他要抢我陀螺。"于是老师和罗罗讲道理，老师说："这是别人的东西不能抢，如果你想玩可以向他借。"

可他回了老师一句："他不给我玩，他不跟我好。"随后他理都不理老师就走开了，一个人蹲在那里哭。后来老师向小童借了个陀螺给他，可他说："我不要了，刚才他不给我，现在我才不要了呢，我也不跟他好了。"

我该怎么做

面对孩子的任性，我想很多父母会感到后怕。那该怎么教育自己的孩子呢？其实我们也知道，作为父母，如果干什么都由着孩子的性子，没有任何约束，那么他的性格就要向不良方向发展，失去控制自己的能力，变得不冷静、爱发脾气，这时，我们应从这些方面入手。

首先，当发现孩子有任性的苗头时，应迅速提出某些良好的行为方向或模式，分散孩子的注意力，同时以鼓励为主，引导孩子向好的方面转化。其次，需要培养孩子的群体观念，减少其撒娇和任性。家长应鼓励孩子多参加集体性活动，增强与他人合作和沟通技巧，在集体中锤炼自己和完善自己。最后，要把孩子看成独立的人，有事与孩子商量，孩子说得对，就要听他的。即使说错了的，也要耐心说服他，纠正他，让他心服口服，增强孩子自尊，防止任性。从正面教育他应当怎样做，这就会转移孩子的任性，制止孩子哭闹。如果孩子不听话而哭闹太凶，父母不要去理睬他，不要在孩子面前表露出心疼、怜悯或迁就，更不能和他讨价还价。

28. “拔”掉固执的钉子

现在大部分父母，都只有一个孩子，“六合一”家庭比比皆是，爸爸、妈妈、爷爷、奶奶、外公、外婆，一家六口都把目光聚焦在孩子身上，事事处处依着孩子，对孩子关爱备至。这就使得家长在一些非原则性的问题上无条件地满足孩子的需求，久而久之孩子就养成了固执的习惯。孩子想干什么就干什么，不达目的决不罢休。孩子从家长心目中的“小皇帝”变成了自我心中的“小皇帝”，稍微不顺心，就乱发脾气。

身边的实例

固执的孩子你一定见得多了，但8岁迪迪固执的故事，你就见得少了。迪迪上小学二年级了，但由于父母工作较忙，迪迪儿童时期没怎么和爸爸妈妈一起生活，基本是爷爷、奶奶带大的。

所以爷爷、奶奶把迪迪当做掌上明珠，基本上都是百依百顺、宠爱有加的。就这样，久而久之，迪迪形成了固执、自私、任性的性格。你要她向东她偏向西，她想要什么就得立刻给，如果不给就大哭大闹，甚至赖在地上撒泼。在学校里，迪迪也听不进老师和同学的批评意见，一遇到不顺心、不如意的事，她就乱发脾气、又吵又闹，根本听不进老师和同学的劝说。老师、家长为此很伤脑筋。

我该怎么做

一旦孩子变成一个固执的钉子，你又该怎么办呢？教育固执的孩子，对家长来说的确是一件麻烦事，但也应该看到，固执的孩子往往有他独立的见解和个人意志，也就是说孩子能坚持自己的意见、主张，具有强烈的自我意识，这些都是为了加强和巩固自己地位的表现。

家长给孩子订立一些明确的行为准则，应当让孩子明白您对他合情合理的限制是真正的爱护和关心，希望他能够珍惜这份爱、理解这份情。不管发生什么事，都一定要遵守已制定的规则，不能有时责备，有时原谅。要孩子接受意见，态度必须明确、坚决，由此孩子就会知道自己再任性也无济于事。遇到孩子固执，家长不要采取低姿态向子女哀求、屈服，这只会促使孩子愈发任性和蛮横，也可以说这是做父母的“大忌”。

当孩子出现任性固执行为时，家长可以结合当时的情景特点，设法把孩子的注意力转移到能吸引孩子的一些新颖的事物上去。对孩子的行为，既要严加管束和引导，又要适当放开，让孩子有自由发展的空间和自主决定的权利。你若以粗暴的态度对待他，他就会跟你“顶牛”，倘若你听之任之，则更会助长他的“犟脾气”。随着孩子智力的发展，他逐渐有了自主的意识，这时父母应该提出充分的理由告诉孩子什么事能做，什么事不能做，有了判断是非的标准，孩子便能自己处理事情。

29. “医治”孩子的自负

“目中无人”，是“六合一”家庭中最常见到的情况，明明是“自以为了不起”的一种不健康的心理异常现象，但有的父母却以为是自己的孩子“自信”或是“坚强”。但其实和自卑一样，自负也源于不能正确地认识自我。而自负的孩子在面对挫折时，易心灰意冷、一蹶不振。同时还易丧失进取心，增长虚荣心，不利于学业上的进步。在人际交往中，自负的孩子往往盛气凌人，导致他人的反感与厌恶，使人际关系恶化，影响孩子的未来。

自负的表现也是多方面的。有的孩子因自负而不能和同伴友好地相处，常常有高高在上、盛气凌人之感；有的孩子对大人傲慢无礼，不尊敬长辈，瞧不起成年人在某些知识方面的缺陷；也有的孩子因自负而不爱与人说话，不爱回答别人的提问，甚至变得爱挖苦人、讽刺人。自负可以说是一种比较普遍存在的不健康心理，许多有专长或智力超群的孩子都易染上这种心理疾病。

自负的孩子虽能取得一定的成绩，但往往没有远大理想和志向，而只满足于眼前取得的成绩。而且，他们看不到别人的成绩，只会“坐井观天”。当他们遭到失败和挫折时，又会从骄傲走向悲观、自卑和自暴自弃，否定自己的一切，觉得自己什么都不如别人。

身边的实例

说到“自负”，菲菲的例子让人印象深刻！由于菲菲人长得漂亮，又是非常优秀的学生，有一双会说话的大眼睛，能歌善舞，素质发展比较全面，在学校是个受欢迎的学生。回到家里，爸爸妈妈又把她捧为掌上明珠，宠爱有加。

班上有一个这样能干的学生，作为班主任当然十分高兴，一直都很重用她，凡事都让她管。但是没想到的是，菲菲也因此越来越自命不凡，和同学之间的矛盾也越来越大了。新的学期开始，要重新成立班委会，班主任征求菲菲的意见，菲菲却说这个“太笨”，那个“不会说话”，不是摇头就是撇嘴。这种表情，仿佛全班除了她没人能当班干部了！也许正是菲菲的这种态度，引起了同学们的不满，班干部竞选时，菲菲以11票之差落选了。当时，菲菲就急哭了，中午拒绝吃饭表示对竞选的不满。

我该怎么做

如何对待孩子的自负呢？又如何区分孩子的态度是“自负”还是“自信”呢？实际上，作为父母的我们，也是孩子的第一任教师，父母应该成为孩子高尚人格的榜样，要谦虚友善，不要在孩子面前表现出骄傲情绪，以免孩子受到不良影响。所以，要让孩子不自负，也需要我们父母自律。

在对孩子进行教导的时候，父母应指导孩子学会欣赏他人，以促使其树立良好的“理想自我”形象。父母应耐心地教导孩子，让孩子学会正确地评价自己，既认识到自己的优点，又看到自己的不足。并适当让孩子经历些挫折，促使其心理机制健全，不至于过分自负，经受不住任何打击。

30. 让孩子踢开“懦弱”

这是一个很难判断的标准，有的孩子会害羞，但不是懦弱；有的孩子懦弱，但不害羞。作为父母，首要的就是在这个区间内准确地发现孩子是否有懦弱的性格缺陷。“懦弱”的孩子最大的特点就是“怕”字当头，不管遇到什么事，第一个反应就是“怕”，怕这怕那。甚至，在让他自己决定先去哪里玩的时候，他也“怕”决定。

懦弱这种性格缺陷，对儿童的身心健康有深远影响。懦弱的孩子，尽管思维能力和才华与其他孩子一样，但由于这种性格缺陷，不能与其他孩子竞争，不能适应激烈的社会生活，长大之后，在事业上和社会适应方面都有较大的困难。

但同时，懦弱是任何动物、包括高级动物——人自我保护的一种心理。自我保护也是幼儿拥有理性、潜力和自我保护、自我调适能力的明证。胆小害怕说明幼儿对新事物的体验比较敏感，观察得比较仔细，这些虽然妨碍了他接纳新事物，适应新环境的速度。可是，胆小和害怕能够使孩子采取更安全、更慎重和更有益的方式协调他与外界之间的关系。

身边的实例

关于孩子懦弱的故事，真的还不少，以4岁的彬彬的故事为例，我们一起来了解一下孩子的“懦弱”。

彬彬既聪明伶俐，待人又很有礼貌，而且感情丰富，但遗憾的是他的性格实在太软弱了，无论是比他小的孩子抢了他正在玩的玩具，还是大人对他说声“不”，甚至是他自己未能做好某件事，他都会轻轻呜咽或者嚎啕大哭起来，简直就不像男孩子。有一次，彬彬用积木搭“高楼”，没想到哗啦一声“高楼”倒了，他便大哭一场，周围的家长怎么劝都没用。

我该怎么做

面对孩子的“懦弱”，父母应该如何调节孩子的性格呢？父母要帮助孩子在与人交往中，努力客观地寻找别人的闪光点，同时也要肯定孩子的成绩，要正确地面对现实，要懂得“金无足赤，人无完人”的道理，要努力培养孩子坚强的意志力和自信心。

要培养孩子独立、开朗的性格，宽阔的胸怀，勇敢的意志，广泛的兴趣，让孩子什么都敢尝试，勇于表达个人意愿。要培养孩子热爱劳动的习惯，家长一定要及早对孩子进行劳动教育和训练，千万不能过于娇惯，事事都由大人包办代替。鼓励孩子多和陌生人接触。培养孩子具有稳定的责任感，主动积极地同困难作斗争。

注意保护孩子的自尊心，不要伤害孩子的尊严，因为无形中的不良刺激可强化孩子的弱点。培养孩子坚强的毅力和良好的生活习惯，鼓励孩子去做力所能及的事情，让他们学会自己照顾自己。当孩子遇到困难时，要让他们自己想办法解决。

31. “压低”孩子的暴躁

就如同每个人都有脾气一样，有的孩子的脾气会非常暴躁，发脾气是家常便饭，而在这些孩子中，乱发脾气的孩子又是主流。

而这种脾气的形成，大多数是由于父母的溺爱造成的。现代社会独生子女多，父母对孩子都非常迁就，孩子从小就缺乏在没有父母看管下与同伴自由交往的机会。上幼儿园、小学之后，学习的时间又往往超过了玩耍嬉戏、交朋友的时间。由于长期“独处”，孩子的怪脾气就形成了。

拥有了“我打别人，别人也会打我”的自然规则，这样一来，自己的需要被摆在第一位，一旦不被满足，孩子就会以拳打脚踢、摔东西等过激的方式威胁父母和家人，逐渐形成了“不如我的意，我就要打你”的以自我为中心的思想。

身边的实例

说到暴躁，我们一起来看一个比较具有代表性的例子——小学6年级的冰冰的故事。

有一天晚上，冰冰与晚间英语老师发生言语冲突，把老师推倒在地。当班主任找到孩子，冰冰梗着脖子，为自己争辩，说了老师许多的不是。

班主任静静听他说完，然后问："你想过老师多大岁数吗？是你奶奶的岁数了。你这么一推，万一是老师脑袋先着地，摔地上怎么办？你想过吗？你觉得这样做合适吗？"他一听，眼圈就红了，眼泪当即就下来了，马上说："当时我委屈极了，没想那么多，现在我知道错了。"

我该怎么做

面对这样的孩子，作为父母的你又该怎么做呢？其实，就像孩子的脾气是后期养成的一样，我们父母也可以通过后期的教育来改变孩子。比如父母应该多和孩子沟通，让他明白"为什么要这样做"、"为什么不可以那样做"，懂得道理，孩子才能渐渐改变倔强的脾气。在孩子的牛脾气将要发作的时候，父母可以采取转移注意力的方式来化解，试着用他感兴趣的活动吸引他。千万不要在孩子发脾气时向他发火，这样只会火上浇油，使孩子的脾气更大，也会让孩子误认为发脾气是解决问题的正确方式，以后就用发脾气对付别人。

或者，父母可以采取置之不理的态度。孩子看到发脾气没人理他，过一会儿自己便觉得没什么意思，自然平息怒火。父母要注意"说话算数"，不仅包括对孩子的许诺，也包括对孩子的要求。

但作为父母，我们也要尊重孩子，让孩子做主，父母提建议为辅，如果父母担心孩子太小而无法做出正确的选择，可给孩子一两次机会，让他体验选择的结果，这对培养孩子的判断能力和承受能力都是有所裨益的。

32. 抓住每一次鼓励的机会

从孩子生下来开始，我们就开始鼓励孩子，逗孩子，他会说一个字、发一个音，都能迎来我们众多“鼓励”，反而等他稍大一些后，作为父母的我们，不再注意鼓励孩子的点点滴滴了，取而代之的更多是“挑刺”。

其实，无论孩子是大是小，都非常需要我们鼓励，就好像植物需要阳光和水分一样。鼓励的主要目的是提高孩子的自我认同度，让他知道他现在已经很好了，不要担心长大以后会怎样。只有这样，孩子才会不断提高和发展。每天注意发现孩子的闪光点并及时地给予鼓励是家长的天职。每个孩子都是可爱的，每个家长都是聪明的，让每次鼓励成为教育孩子最重要的一部分。

世上没有一无是处的孩子，只有不愿鼓励和不善鼓励的家长。每个孩子都有优点，有的表现在学习上，有的则表现在生活能力方面，也有的可能体现在人品上。只有正视他们的优点，从鼓励孩子现有的优点出发，帮助他们建立自信心，才有促进孩子其他方面的发展。

身边的实例

这方面的例子也不少，但如何才算一次“及时”的鼓励呢？我们来看看点点的例子。点点读小学3年级，性格开朗、乐观。一次点点在体育课的跑步比赛中，获得了第一名，高兴的点点忍不住在放学后见到妈妈的第一眼，就告诉妈妈这个好消息：“妈妈，今天跑步我得了第一名。”点点高兴地对妈妈说。“和谁跑步啊？为什么跑步啊？”妈妈淡淡地问了一句。“今天上体育课，老师让我们比赛跑步，我是跑得最快的，老师夸我很有运动才能呢。”点点的脸上带着得意的笑容。

“噢，知道了，今天留作业了吗？快去做作业吧！”妈妈好像没有听到点点说的话。听到妈妈这么说，点点觉得非常失望，闷闷不乐地到一边去了。她不明白为什么自己跑了第一名，妈妈却一点都不高兴，也不夸奖她。

我该怎么做

其实孩子一生中，有很多“小有成就”的地方，作为父母要怎么注意这些点点滴滴，及时地给予鼓励呢？许多父母总是忽视孩子除学习以外的成绩，从而错过了鼓励孩子的最佳时机。当孩子有了进步，无论是学习上的还是生活中的，父母都应及时给予鼓励，这样孩子必然会从成就感中激发斗志。

但有时候，鼓励也不是需要常常挂在嘴边的。孩子希望得到父母的鼓励，更希望得到老师、同学或者是其他有威望人士的鼓励。有时候，孩子因为得到父母的鼓励较多，对父母的鼓励产生了一定的免疫力，效果往往不是太大，但如果父母有意识借他人之口来鼓励孩子，往往会激发孩子的自信，使亲子关系更加融洽。

从相反的角度来说，以“刺激”的方式对孩子寄予期望，以激起孩子“不服气”、“不服输”的精神，使孩子产生一种奋发进取的“内驱力”，将自己的潜能充分地发挥出来，也是一种很好的方法，会收到良好的教育效果。

33.“调校”孩子，让他不灰心

你的孩子是否有这样的“坏毛病”：遇到“挫折”，就退缩；遇到拒绝，就哭泣。现在的独生子女，由于受家庭的影响，很多父母长辈过分溺爱孩子，不惜替孩子完成大大小小的“任务”，结果让孩子失去了许多尝试的机会，反而增长了依赖性。

一些家长遵循“养不教，父之过；教不严，师之惰”的古训，总认为严格就是好的，对儿女的教育采用防范的方法，生怕儿女变坏，整天盯着、看着、跟着、说着，于是矛盾不断、冲突不断，这无疑是最坏的教育。由于这种陈旧的教学模式和注入式教学方法的影响，导致一部分幼儿缺少勇敢精神、极容易灰心。

家长不愿意让孩子受到任何伤害，这当然是可以理解的，但是过分的关爱、包办代替就会适得其反。

身边的实例

灰心的案例还真不少，好像最近的孩子，都陷入了“集体灰心”的时代。正好，我们有一个很好的例子——糖糖的故事。

一天晚上，糖糖翻出了一个小验钞灯玩，玩了一会，糖糖就说：“妈妈，怎么装不进去呀？你帮我装。”妈妈抬头一看，原来糖糖自己旋开了后盖，倒出了四枚纽扣电池，现在放不回去了。妈妈说：“干嘛又叫我帮？你自己装。”糖糖做出认错的样子：“妈妈，我以后再不这样子了。”妈妈说：“再不怎样？”“我再也不把盖子打开了。”妈妈有点生气地说：“我是希望你能自己把电池放回去，而不是老要妈妈帮忙。”

这时妈妈叫糖糖把电池拿了过来，并告诉了她装电池的方法，然后又把电池拆了，给糖糖。“来，你来装装看。”妈妈说道。糖糖依言而行，但灯没亮。没过多久糖糖又来问妈妈：“妈妈，妈妈，怎么还是不亮啊，我不想装了。”并撒娇起来，哭着嚷着，死也不弄了。妈妈没办法，最后，还是自己动手帮糖糖装上了电池。

我该怎么做

当孩子容易灰心时，该如何对待呢？学会尝试是一种有效的学习方法。在家庭中，一些父母不愿意孩子“出格”或是“犯错”，或是出现什么“闪失”，就给孩子的尝试设置了人为的障碍。如不许孩子拿碗筷，生怕孩子打碎碗，不许孩子这样，不许孩子那样，久而久之，孩子就养成了懒惰的习惯，做事缺乏独立性。

实际上，鼓励是很重要的。无论是爸爸还是妈妈，都尽量放开手脚让孩子多做尝试。当孩子做错时，父母在委婉地指出孩子不足的同时，更应对他取得的进步作充分肯定，这样更加有利于提高孩子的积极性。家长要珍惜孩子每次有益的尝试，以鼓励表扬为主。孩子每做好一件事，应及时给予肯定和鼓励。并试着让他自己来做，这样孩子自然就熟能生巧了。

34. 否定孩子的"做事拖拉"

怎么我的孩子不论做什么事，都慢慢腾腾的，经常拖延时间，就是火烧眉毛了也一点不着急？无论父母如何劝导，甚至厉声呵斥，效果却一点也没有！

通常来说，孩子做事拖拉是有一个形成过程的，而不是哪一天突然磨蹭了。这有可能是因为孩子学习兴趣低落，硬着头皮应付，所以能拖就拖，缺乏自信，不负责任；也有可能是他行动迟缓，慢条斯理，紧张不起来，任你着急催促，依然无济于事。

而做事拖拉、犹豫不决的原因也非常多，典型的就是爸爸、妈妈望子成龙心切，对孩子往往期望过高，总是不满意孩子的表现，赞许少，批评多。有的爸爸、妈妈还让孩子做力不能及的事，又不提供帮助。结果，孩子常常怕失败，无自信，害怕做错事，更拿不定主意。

若你的孩子有果断的个性，就帮助他在学习计划，甚至今后的工作生活中，克服和排除同计划相对立的思想和动机，保证善始善终地将计划执行到底。若他总是拖拉、犹豫不决，就可能会因此失去很多好机会、埋没很多好想法。

身边的实例

拖拉的例子非常多，我们这里有一些比较典型的例子。6 岁的丹丹在家里玩耍，妈妈则在厨房做事，妈妈让丹丹给爸爸打电话，问爸爸是否回家吃饭。但等妈妈饭都已经做完了，丹丹还在那里磨磨蹭蹭地收拾玩具。

而在第二天早上，妈妈早早地起来为丹丹做早饭，并叫丹丹快点起床，由于每次都是丹丹爸爸开车送丹丹上学，所以丹丹起床都非常磨蹭。但这天爸爸的车去修了，不能送丹丹了，妈妈就让丹丹赶快起床，但丹丹没事似地说："爸爸一会儿就能修好车，来得及。"

等丹丹起床洗漱完毕，车子还没修好。这下丹丹急了起来，动作立刻快了几倍，等她到校时，早已迟到了……

我该怎么做

面对丹丹这样爱磨蹭的孩子，我们应该如何让他们变得果断呢？首先，父母在孩子面前必须果断，用自己的果断潜移默化地影响孩子。孩子提出来的要求，该满足的满足，不该满足的，要态度坚决地予以拒绝，并向孩子讲明原因。孩子做事不会天生就果断，成人应注意教育孩子，并让孩子在自我锻炼中培养果断的意志品质。

其次，放手让孩子去做力所能及的事，克服依赖性。凡是孩子能够做到的，成人尽量不插手，给孩子足够的时间去思考、尝试并发现自己的能力。孩子感觉自己有能力去做好某件事，就会果断地去做。

再次，父母之间的矛盾不要暴露在孩子面前，否则孩子会无所适从，不知道谁对谁错，久而久之形成性格上的游移不定。更重要的是，父母不要对孩子采取吓唬手段，否则孩子往往胆小怕事，前怕狼后怕虎，这也是形成孩子"犹豫状态"的重要因素。

最后，要创造机会鼓励孩子下决心。成人应在一定范围内给孩子充分自主的机会，让孩子有自我决策和选择的权利，凭自己的思考、能力去决定做什么事，如何做。孩子有了成功的经验，就会增强自信，做事果断。

35. 让孩子“鼓起勇气”

“我家孩子胆小，总是畏畏缩缩的。”我们常常会听到父母对自己的孩子下这样的评价。其实，孩子的胆量生来是一样的，只是一些父母老是吓唬孩子，孩子干什么父母都说“危险”。久而久之，孩子就会总结出一条经验，最可靠的办法是什么也别摸，什么也别干。

身边的实例

仿佛胆小的孩子非常多，我们听到这样案例的频率非常高。比如这个例子——3岁方方的故事。方方是刚从别的幼儿园转园来的，这是方方第二次转园了。为方方上幼儿园的事家里人伤透了脑筋。方方很怕生，在家里表现还行，一到外面，绝对不和不认识的人说话，更不会一个人到邻居家找小朋友玩。

刚开始，家人连哄带骗地将方方送到幼儿园，可是方方情绪非常激烈，在老师的努力下，方方总算稳定了情绪。但是他只认本班老师，当其他工作人员甚至家长进来，方方就会大哭。在日常生活和游戏中他总是一个人远离集体，不与小朋友一起玩，当小朋友主动找他时，方方就厌烦地把他们推开。他非常怕到大的场合，全园的大型活动，方方都哭着不愿意参加，更不用说到台上演出了。

我该怎么做

要让方方这样的孩子也能鼓起勇气，父母得费很大功夫。父母要有耐心，鼓励孩子和小朋友一起游戏、交往，教给孩子一些与同龄人交往的技巧，培养孩子对新鲜事物的兴趣，帮助孩子走出胆怯退缩的困扰。

孩子怯于表现的原因还可能是缺乏自信，担心无法获得赞赏。因此，找出孩子的特长并帮他们树立信心就显得格外重要。教导孩子在做一些事情之前就应该为自己打气，相信自己有能力发挥自己的水平，然后按照想法自己去努力就可以了。

然而，敢于进取和承担责任的勇气，不是我们在嘴边说说就能获得的，它既包含了实际应付挑战的能力，也包含了处理挫折、面对失败的心智和情绪能力。父母要时时处处注意培养孩子的独立性、坚强的毅力和良好的生活习惯，鼓励孩子去做力所能及的事情，让孩子学会自己照顾自己。家长应有意识地扩大孩子的接触面，让孩子经常面对陌生的人与环境，逐渐减轻不安心理。随着见识的增长，孩子面对别人的目光时，便会多几分坦然。

36. 让孤僻和孩子“不沾边”

孩子不愿意搭理家人，也不愿意和班里的同学玩，总是喜欢一个人独处，这让父母心痛得无以复加。性格孤僻的孩子，会因对周围的人产生一种不信任感而向父母、老师及同学关闭心灵之窗。如果不及时加以引导而任其发展，这对孩子的身心健康非常不利。

其实，孩子性格孤僻是自我封闭的一种形式，不是不想和外界交流，相反是希望和外界交流，之所以造成性格孤僻，是害怕交流造成的结果，因此父母要鼓励孩子，诱导孩子，给他更广阔的平台、更多的人际环境让他去适应、去发挥。

只有当孩子变得乐观，他才能看到事情比较有利的一面，期待更有利的结果。也只有乐观，才能让孩子面对困难。乐观就像一副盔甲，抵挡进攻和侵蚀。也许有些孩子天生就比较乐观，有些孩子则相反。但心理学家发现乐观是可以培养的，即使孩子天生不具备乐观品质，也可以通过后天的努力来实现。

身边的实例

孩子孤僻的案例，比较特殊的要属明明的这个事例。明明一家住在小区高层楼，而在上小学以前，他都跟爷爷、奶奶生活在一起，没上过幼儿园。平时明明下楼独自玩耍的机会也很少，更多的时候，是跟爷爷、奶奶一起看电视，出门买菜。

明明上了小学以后，同学们下了课在一起玩，可明明总是孤零零地在旁边站着，不知道如何加入他们的游戏。同学们都说明明"古怪"，明明听了非常伤心，还向爸爸、妈妈哭诉。这时爸爸、妈妈也不知道是怎么回事，为什么在家乖乖的明明与小伙伴玩不到一块儿呢？

我该怎么做

面对孩子的孤僻，作为父母的我们，又有什么更好的方法呢？其实人是环境的产物，对于明明这样的小孩，我们可以把他放到一个开朗的环境，或者创造一个轻松活泼的空间，让明明多与外界交流，并逐渐养成乐观的性格。

而要让孩子乐观开朗，最主要的还是为孩子营造一个良好的积极的家庭氛围，以及父母和孩子之间积极互动的亲子关系。家庭环境对孩子的性格影响是巨大的，父母也要具有乐观的心态。父母对人生、生活、挫折等要有正确的观念、承受心理及应对良策，即使面临极大的困难，也不要在孩子面前表现出一副唉声叹气、无能为力的样子。当孩子遇到不利事情而悲观时，父母应引导孩子对问题进行多方面的思考和衡量，并让孩子明白他的思想中存在的逻辑错误。

尊重孩子，孩子才可能获得自尊，并从中学会尊重别人。和孩子一起建立一个可行的计划，树立一个实际的目标，让孩子自己努力去实现。当孩子不断看到努力的成果，乐观、自信自然会充溢孩子的小脑袋，切记不要伤害孩子的积极性和自尊心。

父母要鼓励孩子多交朋友，特别是同龄朋友。本身性格内向、抑郁的孩子更应该多交一些开朗乐观的朋友。培养多种爱好可使孩子的生活变得更为丰富多彩，因此他也会更快乐。

37. 过度保护=伤害

“怕摔着，不让孩子爬得太高；怕电着，不让孩子接触电器；怕累着，不让孩子洗衣服；怕被骗，告诉孩子不要和陌生人说话……”很多父母都有这样的心态，家里有了孩子，就开始有了这样那样的担心和害怕。

其实，我们需要想到的是——过度的保护在无形中把孩子变成了一个宠物，而不是一个人。包办一切，结果是剥夺了孩子面对困难和挫折努力挣扎、奋力拼搏从而完善自己的体会。因为每个人都要在体验中成长，成长是不能代替的，所以体验也是不能代替的。

父母都是爱孩子的，但是要思考一个问题：什么是真正的爱。在跌跌撞撞当中，要让孩子学会走路，学会飞翔，而不是禁止他继续往前走，更不是抱着他走，这就是真爱！

父母对孩子的过度保护是孩子成长中的障碍，是对发展中的孩子的一种莫大的伤害。孩子从小被父母“捧着”“抱着”，养成了不爱劳动、不能独立生活、责任心差的习惯。一旦走上社会，他们往往不能客观地面对困难和问题，也没有能力靠自身的力量去解决，到头来只能回到父母的“荫凉树下”，继续依靠父母生活。

身边的实例

这样的故事还真不少，正在读小学4年级的菲菲就是一个典型的例子。菲菲学习成绩优异，人也很聪明，但其父母常过分地保护和紧张孩子，生怕菲菲有一点意外。

冬天，父母把从头到脚捂得严严实实的菲菲送到教室门口，并亲自为她摘下帽子、手套，脱下棉衣，叮嘱菲菲下课后不要出去活动，以免冻着感冒；夏天，菲菲的奶奶都会按照菲菲父母的要求，课间送来饮料和水，说是不放心学校的饮水卫生。过度的保护并没有让菲菲身体强壮，反而从小体弱多病，十天一感冒，一月一发烧。菲菲在这种过度的保护下，性格越来越内向，随之表现出来的是不合群现象。

我该怎么做

父母应该怎么照顾孩子呢？其实作为父母，我们大可放心地为孩子制造一些困难，让孩子去克服。让孩子明白面对任何困难，勇敢坚强是唯一的办法，哭泣和抱怨并不能克服困难。当孩子说出“我自己来”，我们一定要用一种欣赏的眼光看他。一个欣赏的眼神、一个鼓励的微笑，都能给孩子无穷的力量。

而对于孩子活泼、好动，喜欢与同伴玩耍的需求，我们大可放心让他去做。因为这是他自身运动、游戏、交往的一种正常的需要。对孩子来说，这是件好事，只要我们帮助孩子增强安全意识，让孩子学会在游戏中保护自己，那么我们就可以让孩子大胆参加各种游戏运动，大胆和其他孩子玩耍嬉戏。只要家长教孩子逐步学会与他人共同游戏，并在运动中保护好自己，同时不伤害别人，就没必要给孩子太多的限制。

38. 让孩子正确上网

如今是网络时代，拒绝让孩子上网，怕孩子不能与时俱进；让孩子上网，又怕孩子毫无节制。作为父母，真是很难选择。

网络在给人们提供信息资源的同时，也带来了大量的信息垃圾，其中的色情、暴力，确实对孩子的成长影响非常大。但这不是网络本身的过错，而是我们如何正确对待网络的态度问题。

现代社会需要创新型人才，而创新型人才的培养需要从孩子抓起，要培养孩子的创新素质。网络则是培养孩子创新素质最有效的一条途径。孩子搞不懂的问题多数都可以从网络上得到解答。网络不只是娱乐的工具，更是知识储备的仓库。由于它具有实时性和交互性、可下载性、可储存性、延时性等特点，学生通过网络可以同时和多个教育信息保持快速互动，从而提高学习效率。

此外，孩子在网络中从事阅读活动，巨大的知识量、最新的信息刺激，能够让孩子产生创新灵感，激发孩子的创新火花。

身边的实例

关于孩子上网的例子有很多，比如初一的田田的故事。田田成绩非常优异，平时除了喜欢看书，还喜欢上网聊天。虽然父母同意每个星期能有两次上网的机会，而且都不能超过2个小时，但是田田的妈妈特别担心她在网上“遇到坏人”，只要田田一上网打开QQ开始聊天，妈妈的唠叨也就随之而来，田田经常是忍无可忍。久而久之，母女之间的话越来越少，孩子在家里也变得很冷淡。

我该怎么做

面对这种禁止也不是、放纵也不是的教育，作为父母应该如何做呢？其实，对待青少年上网问题，不能武断，不能一刀切，即便面对“网瘾少年”，也不要埋怨孩子，更不要操之过急。

父母第一个要做的就是教会孩子做人。人最大的对手是自己，去不去上网，上什么网，完全靠孩子自己。因此，只有让孩子拥有正确的人生观、审美观、健康的兴趣爱好，提高免疫力，才能拒绝诱惑，健康上网。教育孩子结交网友要慎重，防止误入圈套；要坚决控制孩子的上网时间，不要让孩子沉迷于其中不能自拔，从而让网络真正成为孩子获取知识、开阔视野、提高能力的辅助工具。

青少年上网的主要目的应该是学习。因此，要带着明确的任务、课题去上网，如能这样，上网就能专心，网络的优势就体现出来了。

家长还可以与孩子制定家庭公约，公约主要包括电脑放置的地方、每人每天使用电脑的时间及使用电脑与学习、体育锻炼时间的分配等，而且双方都要自觉遵守。

39. 从小养成好习惯

有一个好的习惯，不仅能伴随孩子终生，也能为他以后工作生活带来巨大的帮助。而生活习惯是在日常生活中，在每一个具体的事件中养成的，不是一朝一夕造就的，必须经过较长时间的训练才能逐步养成。因此，培养儿童良好的生活习惯就要从儿童日常生活的细微之处着手。

在培养孩子的好习惯时，不能三天打鱼、两天晒网，父母对孩子的要求要有持续性和一致性。无论是好的习惯，还是不良的习惯，一旦形成就会“习惯成自然”，直接影响孩子的行为方式。好习惯可以让我们插上翅膀，飞往天堂；坏习惯会让我们套上锁链，走向地狱。家庭教育的根本任务就是教孩子做人，做一个符合社会需求的人，而且可以在很大程度上促进孩子的全面发展。在孩子小的时候，父母所能做的就是为孩子打好做人的基础，从一点一滴的小事做起，培养孩子良好的行为习惯，这是孩子终身受益的东西。

身边的实例

这样的例子非常多，我们一起来看5岁的小聪的故事。有一次，小聪和父母与朋友一起外出旅游，在3天的时间里，小聪火爆的脾气，让所有人都崩溃了！

看电视时，小聪说要看少儿频道，妈妈只不过慢了一秒钟的时间，小聪居然抓起遥控器拼命往电视机上砸去，还一边尖叫；吃晚饭时，小聪喝了很多饮料，妈妈说不能喝太多，结果小聪居然一巴掌打在了妈妈的脸上，还理直气壮地哭喊；妈妈和朋友们一起打扑克，小聪想玩，妈妈就单独给了小聪一副扑克，谁知他不领情，非要玩大人的，一怒之下把扑克都甩了。

我该怎么做

面对小聪这样拥有众多坏毛病的孩子，我们应该如何教育呢？每一位家长都想使自己的孩子在未来的现实社会中更好地生存，但是这需要我们用最适合的方法教育孩子。

人的物质欲望是无止境的，家长从小要控制孩子的物质欲望。对于不必要的购买要求，父母也要学会拒绝，同时耐心地与孩子说明，让孩子了解不买的原因，家长千万不能一味地惯着孩子、顺着孩子，疼爱也要有节制。

父母不要因为疼爱而纵容孩子，不要因为孩子的纠缠而迁就孩子，这些都是对孩子任性的纵容。有些孩子因不合理要求没有得到满足而纠缠不休，这时，父母可以暂时不去理他，让他自己觉得采用哭闹的方法是无效的。而对于年龄小的孩子，仅靠正面教育是不够的，适当惩罚也是一种极为有效的教育手段。

41. 让“粗心”都跑掉

很多父母都有过这样的唠叨：抱怨孩子学习太粗心，经常出现诸如抄错题目、看错要求、漏答试题等低层次错误，不少孩子也常常将考试成绩不佳归结为粗心，并信誓旦旦地保证下次不会再犯，可是下次依然如故。

孩子一旦养成了粗心的坏习惯，就会变得注意力分散，无法同时写和想，做事马马虎虎，错误不断。

身边的实例

粗心的例子中，巧巧的就非常有典型性。巧巧是粗心大王，作业做错、漏做、计算符号看错，甚至剩下半题忘了做，这种粗心现象弄得妈妈也跟着神经紧张。

妈妈多次提醒巧巧要细心，巧巧都记不住。巧巧粗心的原因和大多数孩子一样，没把心思放在功课上。比如妈妈规定巧巧做1小时作业，巧巧会不停地瞄时钟。要是动画片快开始了，就更心不在焉。妈妈要是嘱咐巧巧“再做20分钟去玩”，巧巧会20分钟仅写一行字，还错了两个。

我该怎么做

面对孩子老是改不掉的粗心坏毛病，作为家长应该怎么办呢？首先，要培养孩子仔细、认真的习惯。家长应该放手让孩子去做一些力所能及的事情，这对于培养孩子的自立能力是有益的。培养孩子仔细地观察事物和仔细地比较事物的能力，并且要求他们把比较的结果用语言大声地讲出来，以便巩固知觉发现的效果。

其次，培养孩子的责任心，这是培养孩子健康人格的基本内容之一。孩子有了过失的时候，父母应当保持冷静，尽量不要大声训斥，更不要恐吓孩子，而应当讲清道理，指出弥补过失的办法。只要他有一定的能力，就应当让他承担责任。只有这样才有助于孩子克服粗心的毛病，养成细心的好习惯。

42. "取消"孩子的故意磨蹭

不知道怎么的，孩子突然做啥事都变得"慢"了，你叫孩子刷牙，他说等会儿；你叫孩子赶紧吃早饭，他却要先摆弄一会玩具；你在那儿叫破嗓子说要迟到了，可是孩子依然不当一回事。

其实生活中爱磨蹭的孩子不少，这主要是孩子从小没有形成良好的习惯，没人管理，没人督促，从而出现时间意识淡薄，做事磨磨蹭蹭，不论是吃饭还是做作业，都比别人慢半拍。

做事拖拉是一种源自童年的行为习惯。儿童生来就有喜新厌旧的本能，对于新鲜、刺激的东西，他们会很关注；对于枯燥平常的事，他们自然逃避。做父母的如果没有帮助孩子养成先做正事后玩耍的习惯，那么孩子长大成人以后依旧先玩耍后做正事，这样的做事风格往往使工作效率大打折扣，甚至因为无法在最后期限前完成指定的任务，而一次次失去成功的机会。

身边的实例

“慢半拍”的例子真不少，比如小学一年级的东东的故事。东东，有一双明亮的眼睛，俊俏的脸蛋，谁见了都夸他是“美男子”。

爸爸妈妈也很爱他，希望他将来成为顶天立地的男子汉。为了有个美好的未来，父母给东东报了周末补习班，周六上午学奥数，下午学英语；周日上午学作文，下午学柔道；平时晚上还有钢琴、篮球、英语口语训练。可东东做事非常磨蹭：老师布置了作业，别人都已抓紧时间写了，东东却还在慢腾腾装模作样地找作业本；等终于找出作业本，写作业时还是慢慢吞吞的，刚写一两个字就又东张西望，时常玩玩铅笔、橡皮什么的，导致作业不能按时、按量完成，为此老师经常找家长谈话；晚上吃饭时，用勺子一小口一小口地吃，每一口饭菜还要嚼很长时间，最后饭菜都凉了。

我该怎么做

面对这种“慢半拍”现象，作为父母的我们应该怎么做呢？首先，孩子做事前，家长要事先设定时间，然后让孩子以最快的速度保质保量地完成。事后家长与孩子一起评价并调整要求，以保证孩子下一次做得更好。然后，要让孩子为自己的“磨蹭”付出代价，对他没有在规定时间内完成的“任务”，进行一些小处罚。

同时，家长还应该培养孩子珍惜时间的良好习惯。孩子做事时，尽量保持安静的环境，排除与当时事件无关的因素，使孩子能专心于他正在做的事情上。

43. 教孩子自己管自己

实际上，自我约束是一个人成长过程中最重要的个性品质之一，是衡量一个人心理成熟的重要标志，对个人发展具有极大的影响。例如有的孩子，在活动后会满教室地跑，无论老师怎么喊，都喊不住；而有的孩子在午睡时特别难入睡，同时因为睡不着还会和别人悄悄地说话。每次老师都耐心地同他讲道理，但孩子就是不听。

自我约束力薄弱是前进道路上的拦路虎，只有打败这只大老虎，才能快速而安全地前行。有的父母习惯天天督促孩子学习，先做什么后做什么，每样事做多长时间都进行严格控制。其实，这反而不利于培养孩子的自控力。天长日久，有的孩子会产生强烈逆反心理，表现为不听父母话；有的则会出现自控力下降，一旦欲望不能及时满足，就可能在失控中做出出格事。

身边的实例

康康的故事就是一个管不住自己的典型例子。康康是一个很顽皮的孩子，顽皮得一刻也坐不住，这儿走走，那儿摸摸，满教室到处跑。上课时，康康经常做小动作。老师想了好多办法让康康坐在位子上不乱跑，可都不见效。无论是讲道理还是受批评，康康都只是当“耳旁风”。

吃点心时，先吃完的小朋友都很听老师的话，先去洗手再搬椅子靠墙坐好玩雪花片，可康康一下子就不见了人影。老师实在没辙了，只能给康康找点事情做，康康总算是安静了一会儿。

我该怎么做

其实要培养孩子养成管住自己的好习惯也不难。对孩子自我约束力的培养，最初可以在生活习惯方面进行，随着孩子年龄的增长，对他的约束力培养则着重于社会道德规范。父母如果长期坚持一贯的要求，不作无原则的迁就，孩子就会逐渐学会约束自己。

在日常生活中，父母应该给予幼儿充分活动的自由，对他们不要过于限制和束缚，多给孩子提供自己做决定的机会，鼓励孩子做力所能及的事情，以锻炼他们自我约束的能力，并且应帮助孩子提高辨别是非的能力，要帮助幼儿进行行为识别教育，让其明白有些事能做，有些事不能做；有些行为对自己有利，对别人有害，通过生活中一些可感可知的事例进行简单的判断与分析，让孩子知道为何要这样做而不那样做的道理。

而当孩子有情绪时，家长可以引导孩子说出令他不开心的事情。让孩子知道父母是很爱他，愿意聆听他的。不要当孩子有情绪时，就一味地让他哭、发脾气。时间长了，孩子会养成爱哭闹的习惯，这对孩子的个性是没有好处的。

44. 玩游戏，也要正确

对宝贝来说，生活中的任何事情都是游戏。当宝贝玩一些不恰当的游戏时，可能会改变他正确的价值观或者养成不良习惯。但孩子天性活泼好动，若强制他们不能游玩，则可能影响他们身心的发展。

有的父母认为孩子到处跑跳是顽皮捣蛋、不听话的举动，所以每次看到孩子跑就要予以阻止，甚至命令孩子要安安静静地坐着不准乱动，这些都会对孩子产生不好的影响。孩子虽然小，但他天生就会察言观色。对于父母来说，一定要重视游戏，可以说游戏就是儿童的工作，其意义与价值是颇为重要的。

身边的实例

很多人对孩子的游戏都没有一个合理的概念，甚至在某些老师眼里，都会出现“误差”，比如龙龙的故事。

冬天到了，幼儿园开展冬季锻炼活动，如扔沙包、跑步等。大班有一位老师认为在扔沙包活动中可以教孩子学会测量，于是她把孩子们带到户外。户外的地面是由一块块方形的水泥砖铺成的。她先让孩子们扔沙包，然后问他们：“怎样才能知道扔得有多远”？龙龙回答说：“可以数地上的方块。”“还可以用什么办法知道呢?” 在老师不断提问和要求下，孩子举出了可以用棍子、跨步、绳、布条来计算等不同的方法。老师很满意这样的结果，认为教学的目标达到了。然而，整个过程对于孩子来说，却变得索然无味。

我该怎么做

作为父母的我们，应该怎样给孩子引导并制造一个有意思、又有意义的游戏呢？首先要考虑的是对玩具的选择。玩具的选择非常重要，必须适合孩子身心的发展，如果孩子年龄太小就让他玩超出能力的玩具，将会使他感到无趣，反而会带来不良的后果。

而在对于以玩伴来参与角色的游戏来说，父母应该找准时机间接地指导孩子的活动。在孩子玩游戏的过程中，父母也是游戏的参与者，通过父母的参与能帮助孩子正确地与同伴对话、交流，增强了孩子的交往能力，这将会更加丰富游戏的内容。

45. 让孩子有“时间概念”

“时间是金钱，时间是生命，时间是……”我想很多父母都对子女说过这样的话，期望孩子珍惜时间，但很多时候，孩子浪费时间现象依然照旧，毫无改观。由于时间是个抽象的概念，我们没有办法抓一撮时间给孩子看，也没有办法指着时间告诉孩子，所以孩子往往无法深刻体会到时间的重要性。

当今社会是一个讲究效率的社会，很多家长每天在家庭与事业之间忙碌，恨不得把一天当两天用。面对不珍惜时间的孩子，我们既生气又无奈。从长远的角度看，一个有效率感的人和一个没有效率感的人在事业上的差异将是很大的，特别是在当前知识陈旧率高，知识量激增的形势下，培养孩子的效率感尤为重要。如果父母在早期教育中让孩子养成良好的时间观念，就等于给了孩子知识、力量、聪明和美好的开端。因为善于利用自己时间的人将会获得高效率的办事结果，也是最能做出成绩的人。

身边的实例

不珍惜时间的孩子还真不少，这成为孩子的通病，比如读小学3年级的丽丽。丽丽是个典型的不会安排自己时间的孩子。每天放学后，丽丽都会先去和小伙伴疯玩，每次都要等到妈妈叫丽丽吃饭的时候她才会回家。

回家吃饭后，丽丽也不会抓紧时间做作业，而是盯着电视看，等到困得难受时才想起作业。这样，丽丽每天的作业情况很不理想，不仅字迹不工整，而且错误很多。考试的时候，丽丽也不会合理分配时间，每次时间都不够用，致使考试成绩一直不理想，妈妈为此很头疼。

我该怎么做

面对孩子不珍惜时间的坏毛病，作为父母的我们应该怎么办呢？其实，我们应该从小事做起。比如，作为父母，我们可以在生活中常把时间挂在嘴边，让孩子亲身感受时间的意义，时间的价值。当孩子真正感受到有自己可支配的时间后，他会更好地利用时间。

而另一个重要的教育步骤就是父母应该时刻让孩子明白：做事就是做事，玩就是玩，而且事情要一件一件地做，不可一心二用。为此，父母要指导孩子养成做事有头有尾、善始善终的习惯。

父母可以试着让孩子自己承担某些消极的后果，一旦孩子亲自品尝到耽误时间的苦果，心里自然会不舒服，也自然会吸取教训，今后重犯的可能性就会减少。甚至，父母可以用别人珍惜时间的事例来教育孩子，使孩子逐步认识到珍惜时间的重要性，逐步树立时间观念，增强时间意识，从而在学习、生活中养成珍惜时间的习惯。父母还可以为孩子制定科学、合理的作息时间表，并帮助孩子按时间表上的内容有条不紊地完成，使孩子养成作息规律的习惯。

46. 让孩子从无所谓到认真

乱七八糟的书桌、马马虎虎写完的作业、潦潦草草的字，在多年的教育过程中，我们发现这些都是孩子的通病，他们似乎很少对某样事情认真，仿佛所有事情都需要家长的提醒，他才能稍微慎重一些地去对待。孩子“无所谓”似乎是个很普遍的问题，这让很多父母都很头疼。有些家长还会因此打骂孩子，但这样往往不能彻底解决问题。

此外，父母只注重孩子在学习上是否认真，却忽略他们生活上是否认真。其实，孩子在生活上的“无所谓”更容易导致学习上的“无所谓”，孩子在生活上的“无所谓”与父母过分关爱孩子、包办代替有着直接的关联，有“无所谓”想法的孩子的父母应当对自己的教育方式进行反思，无论是生活中的事，还是学习中的事；无论是小事，还是大事，都必须认真对待，设法尽力做好。作为家长要立足家庭、立足小事、立足当前，对孩子严格要求，使其养成做事认真的习惯。

身边的实例

说到不认真，正在读幼儿园的纷纷的例子就非常典型。纷纷很喜欢画画，画得也很快，可每次画完让妈妈看时，不是将老虎画成了三条腿，就是将小白兔画成了一双短耳朵。

一次，妈妈买了一大串香蕉回来，纷纷吃完香蕉就开始画画了。“我今天画个大香蕉吧！”说着，纷纷拿起水彩笔，三下两下就画了一根香蕉，纷纷得意地将画拿给爸爸看，爸爸看后哈哈大笑起来，纷纷仔细一看傻了眼，“啊，我怎么把香蕉画成蓝颜色的了？”

外婆在一旁看着纷纷的模样，摇了摇头：“这孩子什么时候才能认真点？”

我该怎么做

要让自己的孩子变得“做事认真”，还真得让父母们多多费心。首先，父母要给孩子一个安静整洁的学习环境。孩子的书桌上除了文具和书籍外，不应摆放其他物品，以免分散他的注意力。然后，训练孩子善于“听”的能力。鼓励孩子用自己的话来描述听到的内容，从而培养专心听讲的好习惯。

此外，父母要合理安排学习内容的顺序，可建议孩子先做一些较为容易的作业，在孩子注意力集中的时间再做较复杂的作业，并逐渐培养孩子善于集中自己的注意力的能力。

切忌多唠叨，因为父母的唠叨和训斥只会让孩子产生厌烦，从而注意力更不可能集中。不妨让孩子感受到自己是时间的主人，教孩子学会分配时间。还有一个小技巧就是：父母对孩子交待事情只讲一遍，这也是培养孩子注意力的一种方法。

47. 让孩子劳动起来

“衣来伸手，饭来张口”的“小皇帝”在如今家庭中并不少见。由于现在家庭大多是独生子女，所以父母的爱都集中在孩子身上，很多孩子有能力做的事情，也往往由父母包办代替。表面看，这是家长的宠爱，但实际上是害了孩子。有些孩子，懒得铺床叠被，懒得洗袜子、洗手绢，懒得收拾书包、收拾桌子，甚至懒得洗脸、洗脚，连喝水也懒得自己倒。许多父母心疼孩子，怕孩子苦着、累着，把活都揽到了自己身上。或许父母觉得孩子不会干，孩子帮自己做事是帮倒忙，就把孩子轰走；或许父母认为孩子学业重，功课多，不应该占用孩子的宝贵时间。

少让孩子劳动，并不能给孩子带来真正的好处，反而使孩子渐渐失去了劳动的意识，养成了不爱劳动的习惯。而对于事事依赖父母，基本生活都不能自理的孩子，他是无法适应集体生活，更无法适应社会的。

身边的实例

孩子不爱劳动的例子数不胜数，我们这里有一个典型的案例——玲玲的故事。

一天早上，玲玲跟着手里为她拎书包的姐姐，蹦蹦跳跳欢快地走进了教室，发现椅子不见了，她大声对姐姐说："姐姐，快给我搬个小椅子来。"

姐姐很不情愿地搬来小椅子。老师了解到，玲玲在家特别懒，无论什么事都让家人帮忙，每天在家做作业时，玲玲都让姐姐把作业本放好她才去写，写完后还要姐姐帮她收拾书包，如果姐姐不帮忙，玲玲就会去告诉妈妈，为此，姐姐没少挨疼爱妹妹的妈妈的骂。

我该怎么做

对待这类孩子，我们应该如何做，才能唤起孩子爱劳动的习惯呢？首先，我们要鼓励孩子参加力所能及的家务劳动，不能以孩子学习忙为借口，就放弃对孩子的培养。家长应耐心地教给他们做事的方法，指导孩子做好他们想做的事，使孩子享受到"我会做"的喜悦和成就，千万不要顾虑安全或觉得麻烦而不肯让孩子尝试，让他们错失了劳动的好时机。

此外，父母应以身作则做好家务，并让孩子觉得做家务是生活的一部分。引导幼儿尊重劳动人民、爱惜劳动成果；引导孩子在更广更深的范围内接触实际，手脑并用，使孩子既发展智力，又养成良好的劳动习惯和勤劳俭朴的作风。

对孩子来说，参与劳动是应当被褒奖和鼓励的，即使在劳动中不小心给大人帮了倒忙。在训练孩子如何掌握劳动的具体操作技能时，家长应边示范边耐心细致地讲解操作要点和注意事项，然后手把手地教，再逐渐放手让他独立操作。

48. 让孩子懂得节俭

出门忘记随手关灯，吃不完的东西随手丢弃，水龙头哗哗流水也不去关，相信不少父母都会为孩子的这些不节俭行为而头疼。现在不少独生子女挑吃、挑穿，总要花钱买这买那，不该买的东西也闹着要买，父母不答应，孩子就跟父母发脾气。然而，对买来的东西又不珍惜，喜新厌旧，随便丢弃、浪费。孩子们大手大脚花钱的习惯，奢侈浪费的处世作风已经达到了非常严重的程度。

节约既是一种良好的习惯，也是一种美德。从小培养孩子的节约美德，养成勤俭节约的好习惯，必将使孩子终生受益。因此，如何在家庭生活中培养孩子的节约意识和习惯，从而引导孩子健康成长，是值得每一位父母深思的。

身边的实例

孩子不节俭的例子相当多，比如上小学3年级蛋蛋的故事。一天中午，同学们都在教室吃饭，突然班长起立说："老师，蛋蛋把整碗饭菜都倒掉了。"老师立刻说："怎么回事?"班长回答："他嫌饭菜不好吃，所以全都倒掉了。"老师问蛋蛋："你为什么把饭菜倒掉了?"蛋蛋说："这菜不好吃，没有饭馆弄的好吃，我经常看到一些客人点了许多的菜，吃不完，就倒掉了。其实这还不算什么，昨天我看到小宇买了好多的零食，因为不合胃口，都扔掉了，老师，这才叫大方啊!"

我该怎么做

要让孩子懂得节俭，父母必须从自己做起。为了培养孩子良好的节约意识和习惯，家长得从身边的小事做起，先把道理说透，然后引导和培养孩子的良好习惯。如在吃、穿、用等方面不和别人攀比，珍惜食品、用具、玩具，节约粮食、水、电等。

家长在节俭方面应该以身作则，言传身教，只有在勤俭节约的家庭环境熏陶下，才能培养孩子节约的习惯。

作为父母，我们要尽可能地让孩子多劳动，使他们明白劳动的不易，并放手让孩子承担一定的家务劳动，让孩子体会到劳动的辛苦，品尝到劳动成果的喜悦。

只有让孩子从小受到启发和教育，从小向孩子讲述中华民族勤俭节约的光荣传统，才能让孩子真正养成节俭的好习惯。

49. 多给孩子一些挫折

当今的孩子都是独苗，被满满当当的爱包围着，承受力普遍较差。对于孩子来说，只有经历失败，才会知道如何面对失败，才会在失败中变得更加坚强。每个孩子都会遇到这样或那样的麻烦，在面对困难和挫折的时候，胆小懦弱的孩子往往没有坚强的意志去克服困难和挫折。这个道理虽然人人都懂，但很多家长爱子心切，做起来还是犯了错。

当今社会是一个充满竞争的社会，挫折每时每刻都有可能发生。一些孩子因为家里或者学校的一点小事而自杀的惨剧频频出现。这些触目惊心的血的教训，不得不引起我们的深思：父母在家的疼爱和教师在学校的庇护，导致孩子像温室里的花朵一样经不起风吹雨打，造成孩子的耐受力差，经不起挫折，吃不了苦头，受不了委屈，遇到一点点小事就会产生过激的心理及行为反应。每个人的人生历程都不会是一帆风顺的，挫折也是孩子成长中必然要发生的，是无法逃避的。挫折教育应该成为孩子的必修课。

身边的实例

孩子受到挫折就走极端的例子非常多，盈盈的这个故事就值得关注。一天下午，上课铃响了，老师笑吟吟地迈进教室说："这节课竞选中队长……"话还没说完，大家就叽叽喳喳地议论起来。盈盈虽是默默无言，但心里却像吃了定心丸，心想："凭我当了几学期中队长的资历，再加上上学期又是三好学生，怎么说这中队长我都当定了。"

盈盈静静坐着，听着几位"自告奋勇"的同学的发言，不禁有点儿羡慕他们的勇气。突然，老师点了盈盈的名字，她站起来愣了一下，支支吾吾地说："我决心继续当中队长。"老师听了也满意地笑了。盈盈正在得意，谁知同班男生小威霍地一下站起来说："我也想竞争中队长。"从他那涨红了的脸可以看出他内心一定非常激动。"哗"，教室里掌声四起。老师挥了挥手说："下面给你俩10分钟时间，说一说搞好中队长工作的设想，然后再进行民意测验。"结果，小威以绝对优势当选了中队长，盈盈一时竟趴在桌上大哭起来，老师怎么劝也没用。

我该怎么做

人的一生受到的挫折不会太少，早一点让孩子明白挫折的意思，学会坚强显得十分必要。但我们应该如何做才能培养出孩子坚强的性格呢？

教育最好从幼儿时期就开始。要让孩子充分认识和正确理解挫折，从而真切地感受到要做好任何事情都会遇到困难，成功的喜悦是来自问题的解决。在幼儿的生活中，可适当地给幼儿一些劣性刺激，使幼儿体验到许多事情并非是按自己的意愿进行的，克服幼儿的自我中心倾向，让他认识到挫折的客观存在。孩子通过真实可感的事实直观了解事物发展的过程，真实感知挫折，认识到生活有顺有逆，有苦有乐，从而会对挫折有初步的认识。

作为家长，应该冷静、客观、积极地对待生活中的各种事情，即便遇到大的麻烦和困难，也不要轻易在孩子面前表现出垂头丧气的样子。在逆境中经过千锤百炼成长起来的人，会比在顺境中生活的人更具有生存力且有更强的竞争力。只有让孩子在面临困难时充分感受挫折，正确理解挫折，才能培养他们不怕挫折、勇于克服困难的能力和主动接受新事物，承认并敢于面对挫折的信心。

50. 放手，让孩子变独立

咱们孩子的独立能力怎么这么差啊！吃饭、刷牙、穿衣、整理玩具每一样都要父母插手，真是不省心。很多父母都常常发出这样的抱怨，在孩子小一点时候，由于怕孩子做不好耽误时间，就尽量替他做，想等孩子长大后自然而然就会了，没想到，孩子养成了依赖的习惯，尤其是遇到事情时不是自己想办法解决，而是事事求助于人。

孩子在父母这种无意识的过度溺爱中，必然会滋生“娇骄”二气，只能培养出“小绵羊”，而缺乏独立性，将来走向社会可能一事无成。它主要表现在两个方面：一是包办孩子的所有劳动；二是对孩子的要求百依百顺。溺爱孩子的父母，要么是无知，要么就是自私。这样会剥夺孩子认识世界、承担责任和义务的权利。

时间流逝，孩子长大，这是自然规律。父母要做的不应该是阻止所有的事情发生，把孩子放在温室里，而应该让该发生的事情发生，而父母则应在那里给孩子以物质和精神上的鼓励。我们每个人都要学会独立。为了让孩子独立成人，父母首先要放手，只有父母在孩子期“离开子女”，才能培养出孩子的独立能力。有时候让孩子越早经历挫折反而有助于他们更早认识这个世界，并学会如何应对挫折。

身边的实例

关于独立能力差的案例也不少，有代表的就是亮亮的故事。亮亮读小学3年级了，每次放学上学，都是爷爷奶奶接送。一天，学校将组织学生到离家20公里以外的森林公园活动。但恰好爷爷奶奶回老家，爸爸趁着这个时机打算“锻炼”一下亮亮。于是，爸爸就先叫亮亮记住从家里到森林公园的路线，再给亮亮一张地图，然后要亮亮一个人骑自行车去。

亮亮从来没有单独去过这么远的地方，作为父亲，与其他父母一样，当然也放心不下。于是自己也骑车跟在亮亮后面，看到亮亮不时停下来看地图找路，爸爸耐着性子默默地在不远处看着。当亮亮埋头骑过公园大门却浑然不知时，他也没有叫亮亮。当亮亮自己兜了一个大圈子再回到森林公园门口，虽然迟到了一刻钟，但这是他自己独立到达了目的地。

回来后，亮亮委屈地说：“人家都是由父母陪着来的，就我一个人孤孤单单地走。”经爸爸开导，亮亮由委屈而转为自豪，并说：“以后再远一点我也不怕了。”

我该怎么做

其实只要作为父母的我们适度放开手，孩子可能就会学到很多独立的知识。作为父母的我们，应该有意识地调动孩子的积极性，让他们学做家务，先从小事做起，比如抹桌子、扫地、倒垃圾等，这些小小的家务事，即使孩子干不好，也不能放弃，要让孩子明白，自己在家里也有工作，也有任务，久而久之，孩子有这个意识了，这些小事才能干好。

在孩子打算主动独立完成某事时，父母应该尊重孩子的想法，尊重孩子的兴趣和爱好，鼓励孩子独立完成各种自己能够完成的事，并且经常鼓励孩子多表达自己的思想和情感。经常同孩子沟通，遇事多同孩子商量，多听孩子的意见，允许孩子有自己的选择和想法，对的家长应及时接受，并及时给予肯定，不对的也要想办法让孩子知道错在什么地方了。

当孩子要带东西出去而忘记带或把带出去的东西忘在外面而生气发脾气时，父母千万不能自揽责任包办代替，而要让孩子意识到自己想做的事自己应该安排好，并且学着负责到底。每次注意给孩子这样的提醒，孩子便逐渐地有了这种“负责”的意识。

除此以外，父母还应该有意识地让孩子去独立思考，认识和解决一些生活上的小问题。作为家长，应该利用各种机会，培养孩子的独立思考能力。